diskussion: unterricht 6

Herausgegeben von Gerrit Hoberg

Frederic Vester · Günther Beyer · Malte Hirschfeld

Aufmerksamkeitstraining in der Schule

Mit Zeichnungen von Dieter Hay

Quelle & Meyer · Heidelberg

In der Reihe »diskussion: unterricht« (früher »rpi-diskussion«) liegen bisher vor:

1: Lernzielorientierter Unterricht (Planung und Kontrolle)
2: Modelle – Modellvorstellungen (Anregungen für die naturwissenschaftliche Unterrichtspraxis)
3: Lehrverhalten. Beobachtung – Analyse – Training
4: Handlungsorientierter Deutschunterricht
5: Sozialauffällige Schüler

CIP-Kurztitelaufnahme der Deutschen Bibliothek

Vester, Frederic:
Aufmerksamkeitstraining in der Schule / Frederic Vester ; Günther Beyer ;
Malte Hirschfeld. Mit Zeichn. von Dieter Hay. –
Heidelberg : Quelle und Meyer, 1979.
  (Diskussion Unterricht ; 6)
  ISBN 3-494-00972-4
NE: Beyer, Günther:; Hirschfeld, Malte:

© Quelle & Meyer, Heidelberg 1979. Alle Rechte vorbehalten. Die Vervielfältigung und Übertragung auch einzelner Teile, Texte, Zeichnungen oder Bilder, wenn sie auch lediglich der eigenen Unterrichtsgestaltung dienen, sind nach dem geltenden Urheberrecht nicht gestattet. Ausgenommen sind die in §§ 53, 54 URG ausdrücklich genannten Sonderfälle, wenn sie mit dem Verlag vorher vereinbart wurden. Im Einzelfall bleibt für die Nutzung fremden geistigen Eigentums die Forderung einer Gebühr vorbehalten. Das gilt für Fotokopie genauso wie für die Vervielfältigung durch alle anderen Verfahren einschließlich Speicherung und jede Übertragung auf Papier, Transparente, Matrizen, Filme, Bänder, Platten und sonstige Medien.
Printed in Germany. Druck: Druckhaus Darmstadt GmbH
ISBN 3-494-00972-4

VORAB EINIGE LESEHINWEISE (... mit der Bitte, diese a u f m e r k s a m zu studieren und sich dabei zu k o n z e n t r i e r e n).

✱ Dieses Buch wurde für Eltern und Lehrer geschrieben, eigentlich aber für alle, die mit uns der Meinung sind, daß es sich lohnt, mit Kindern in der Schule und zu Hause Aufmerksamkeit und Konzentration zu üben und daß dieses Üben auch Spaß machen darf.

✱ Alle Denkspiele wurden im Unterricht erprobt. Das kann jedoch nicht bedeuten, daß unsere Hinweise, Anregungen und Kommentare verbindlich sind. Unsere Bitte: Prüfen Sie vorab die Lernbedingungen Ihrer Kinder und entscheiden Sie dann, welche Übungen für Ihre Zielgruppe sinnvoll sind.

✱ Der **THEORIEBLOCK** vor den Denkspielen soll zwei Aufgaben erfüllen:
Zum einen eignet er sich für eine allgemeine Einleitung in lernpsychologische und lernbiologische Fragen (Wie lernen wir? Was spielt sich in unserem Gehirn ab? Wie werden Informationen gespeichert?).
Zum anderen ist er als Rahmen für die Spiele gedacht. Der pädagogische Sinn der einzelnen Übungen läßt sich jeweils den lernpsychologischen und lernbiologischen Aussagen des Theorieblocks zuordnen.

✱ Die Spiele selbst werden alle nach dem gleichen Muster vorgestellt. Dabei bilden die rechte und linke Seite jeweils eine Einheit.
Auf der l i n k e n S e i t e werden neben dem Namen und der Definition der Spiele auch die Ziele angegeben, die nach unserer Meinung mit dieser Übung anzusteuern sind.
Der **PÄDAGOGISCH-DIDAKTISCHE KOMMENTAR** erläutert im Rahmen des Theorieblocks den Sinn des Spiels, weist auf methodische Schwierigkeiten hin und zeigt auch auf, was bei dieser Übung in unserem Gehirn vor sich geht.

Unter dem Stichwort **VORBEREITUNG** kann sich der Leser ohne Mühe über formale Fragen informieren:

- Für wen ist das Spiel gedacht?
- Wo kann man es durchführen?
- Wie lange Zeit muß ich dafür aufwenden?

(Die soll den Zeitfaktor bildlich unterstreichen!)

Hin und wieder erscheint unter dem pädagogisch-didaktischen Kommentar eine
Dann finden Sie Anmerkungen, die für dieses Spiel besonders wichtig sind.
Auf der r e c h t e n S e i t e werden dann die Übungsbeispiele vorgestellt:
So kann man es machen! Folgende Variationen sind denkbar!

Illustrationen und Grafiken erläutern den Text und geben Anregungen für die Durchführung der Spiele.

✱ Viele Lehrer haben immer wieder gefordert, Materialien für Vertretungsstunden zu erhalten, die ohne viel Vorbereitung sinnvoll in den Vertretungsunterricht einzusetzen sind. Vielleicht ist dieses Buch eine Hilfe!

KÖLN, IM NOVEMBER 1978   GERRIT HOBERG

 Übrigens: Es hat sich gezeigt, daß der Name "rpi-diskussion" zu Mißverständnissen geführt hat. Daher wurde im Einvernehmen mit dem Verlag der Titel geändert. Ab sofort heißt der Reihentitel: "diskussion: unterricht".

G. H.

EINFÜHRUNG IN DIE DENKSPIELE

Was ist eigentlich Lernen? Die Antwort ist einfach. Lernen ist Wahrnehmen und Speichern, Erkennen und Wiedererkennen, Einordnen und Verarbeiten, Vergleichen und Abrufen, ja auch Suchen und Finden, Behalten und Verstehen. Ein höchst komplexes Phänomen, das keineswegs immer all diese Vorgänge vereinen muß. Lernen ist eben nicht gleich Lernen. Gewiß aber ist es immer - auch wenn es sich um ein bloßes Merken, um ein Auswendiglernen handelt - ein Prozeß, in dem geistige, psychische und körperliche Vorgänge untrennbar miteinander verbunden sind. Ein Lernen ohne Einsatz des Organismus und ohne über ihn die Umwelt einzubeziehen ist somit widernatürlich und unökonomisch.

Die historische Entwicklung des schulischen Lernens, entstanden aus den Klosterschulen des Mittelalters, hat jedoch gerade diese Einheit von Körper, Seele und Geist ignoriert. Statt die natürlichen Voraussetzungen unseres Gehirns und unserer hormonellen und physiologischen Struktur zu nutzen, also *mit* dem Organismus zu lernen, tun wir es meist *gegen* ihn, haben wir den Lernvorgang immer mehr pervertiert, zu einem abstrakt-verbalen Unikum degradiert, ja ihn direkt in lernfeindliche Konstellationen hineingetrieben.

Wichtige psychobiologische Grundbedingungen und Gehirnfunktionen, wie in dem Buch "Denken, Lernen, Vergessen"[1] aufgezeigt wurde, werden mißachtet, ja sogar direkt unterdrückt, obgleich es - weil biologisch sinnvoll - ein ungeheurer Gewinn wäre, sie für das Lernen wie auch für das Umgehen mit dem Gelernten einzusetzen.

---

[1] Frederic Vester, Denken-Lernen-Vergessen, München 1978

Wenn wir zum Beispiel fragen, was sich im Gehirn abspielt, während wir diesen Text lesen, so sehen wir von der Lernbiologie her etwa folgenden Ablauf:

1. Die Netzhaut des Auges setzt die Lichtimpulse des abgetasteten Textes in Nervenimpulse um und sendet diese in das Gehirn.

2. Dort ist die erste Station das Sehzentrum. Hier wird aus den Impulsen die Form und Anordnung der Buchstaben ermittelt.

3. Das Ergebnis geht ans Lesezentrum, wo die Buchstaben entschlüsselt werden. Damit steht die "nackte Information" zur Verfügung.

4. Den Sinn des Ganzen liefern dann weitere Gehirnregionen. Sie vergleichen die Worte mit im Gedächtnis gespeicherten Vorstellungen. Es entstehen Gedankenverbindungen (Assoziationen) und Erinnerungen.

5. Gleichzeitig geht die Reise aber auch ins Gefühlszentrum, ins Zwischengehirn.

6. In diesem Gehirngebiet werden ankommende Wahrnehmungen mit Gefühlen verknüpft: mit Freude oder Schmerz, Vertrautheit, Angst oder Langeweile. Drei Nervenregionen sind vor allem daran beteiligt: das limbische System, der Hypothalamus und der Symphatikus.

7. Aus ihrem Zusammenspiel entsteht dann jeweils eine ganz bestimmte Hormonlage.

8. Alle diese Eindrücke, Gefühle und Assoziationen werden wieder mit dem Text gekoppelt, mit ihm zusammen gespeichert und beim späteren Abrufen auch mehr oder weniger mit-erinnert.

So hat ein simpler Text in Wirklichkeit eine ganze Kette von unbemerkten Aktivitäten in uns ausgelöst, und dies - je nach der Art des angebotenen Lernstoffs, der Begleitumstände und der individuellen Verarbeitungsweise - äußerst unterschiedlich. Dies Beispiel mag schon ein wenig konkretisiert haben, warum wir sagten, daß ein Lernen ohne Einbeziehung von Organismus und Umwelt widernatürlich und unökonomisch sei. Im Folgenden soll diese Aussage noch ein wenig mehr erläutert werden.

Zunächst zur Einbeziehung der Umwelt in den Lernvorgang. Wenn man das Verhältnis zwischen Mensch und Umwelt in unserer Industriegesellschaft untersucht, so fällt vor allem die weitverbreitete Unfähigkeit auf, die Realität in ihren Zusammenhängen zu erkennen. In der Wanderausstellung "Unsere Welt - ein vernetztes System"[1] und dem gleichnamigen Begleitbuch wurde versucht, dies auf erlebbare Weise zu demonstrieren. Es besteht kein Zweifel, daß ein wesentlicher Grund für diesen Mangel an "vernetztem Denken" in den Lernformen unserer Schulen zu suchen ist.

Die Loslösung des Intellekts vom Organismus, die Erklärung von Begriffen durch andere Begriffe (statt durch die dynamische Wirklichkeit) führte in den letzten Jahrzehnten zu einer zunehmenden geistigen Verengung, die vor allem das sinnvolle Umgehen mit dem gespeicherten Stoff kaum noch möglich macht. Die Abstraktion, zweifellos eine unserer wichtigsten intellektuellen Fähigkeiten, wurde nicht als wichtige Technik des geistigen Arbeitens gelehrt (eine Technik unter mehreren), sondern sie wird, ähnlich wie die Mnemotechnik, zum Selbstzweck erhoben.

So wird das Gehirn - unfähig, in der Abstraktion allein sinnvoll zu operieren - zum bloßen Speicher theoretischer Formeln herabgewürdigt. Denn ein isoliertes, realitätsfremdes Eintrichtern von Wissensstoff verhindert logischerweise jegliche weitere Verarbeitung des Stoffes außerhalb des Unterrichts, d. h. im Kontakt mit der Realität. Das Lernen wird zum bloßen Merken unter Verzicht auf die Mitwirkung wesentlicher Gehirnpartien. Dadurch verschenken wir aber gleichzeitig einen unentgeltlichen und permanenten Lehrer, nämlich die Realität, die gerade außerhalb des Unterrichts für die Festigung, die "Konsolidierung" des behandelten Stoffes sorgen könnte, ganz abgesehen von der Unmöglichkeit, das Gelernte in der Realität später sinnvoll anwenden zu können.

Mit dieser Spielesammlung wird daher ein weiterer Versuch gemacht, für die so vernachlässigte Aufgabe der Schule, Denkfähigkeiten und -fertigkeiten zu entwickeln (statt lediglich Wissensstoff zu speichern)

[1] Frederic Vester, Unsere Welt - ein vernetztes System, Stuttgart 1978

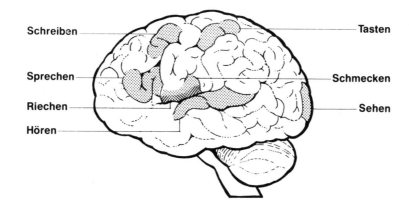

Bei Benutzung der verschiedenen "Eingangskanäle" werden unterschiedliche Wahrnehmungsfelder im Gehirn beschäftigt. Von dort werden die Wahrnehmungen zu den über die ganze Großhirnrinde verteilten Assoziationsfeldern weitergeleitet, wo sie dann verarbeitet und erinnert werden. Die Erinnerung ist also nicht wie die Wahrnehmungsfelder lokalisiert.

von einer ganz praktischen Seite her eine Bresche zu schlagen. Dies hat aber, wie wir nun sehen, neben dem rein praktischen auch noch einen tieferen Sinn. Die Schulung und Übung, unseren Organismus und unsere Umwelt in das Lernen einzubeziehen, hilft uns, wieder in Zusammenhängen zu denken, hilft uns, neben dem Detail auch wieder das Ganze zu erkennen (was nebenbei auch wieder den Lernvorgang fördert). So sollen die Übungen dazu anleiten, neben der Beschäftigung mit Begriffen, also mit Symbolen von Dingen, auch mit den Dingen selbst zu arbeiten, mit ihren Wechselwirkungen, mit ihrer Beziehung zur Umwelt. Eine Aktivierung sonst oft brachliegender Gehirnareale wie des motorischen und haptischen, der emotionalen Verarbeitungsfelder des limbischen Systems, die so wichtige Rolle eines lernfreundlichen Hormonmusters (über die Steuerung des Hypothalamus) und nicht zuletzt die für eine sinnvolle Verankerung und Verarbeitung jeder gespeicherten Information so wichtigen Querverbindungen <u>zwischen</u> den unterschiedlichen Wahrnehmungsfeldern unseres Gehirns, etwa jenes haptischen mit dem visuellen, des visuellen mit dem auditiven usw., diese Aktivierung wird in fast allen Übungsbeispielen mit dem Lernvorgang verknüpft.

Damit sind wir schon mitten in unserer zweiten Forderung, nämlich den ganzen <u>Organismus</u> in den Lernvorgang einzubeziehen. Wir folgen auch hier wieder naturgebundenen Tatsachen. Denn wie sehr im Grunde mit jeder Wahrnehmung letztlich der ganze Organismus beschäftigt ist und wie sehr er somit auch den Lernvorgang, das Erinnern, Behalten, schöpferische Verarbeiten und, umgekehrt, auch das Vergessen und Blockieren steuert, ist inzwischen vielfach belegt.

Wenn wir also zu einem integralen Lernen (und zu einer ebensolchen Verarbeitung des Gelernten) kommen wollen, so müssen die biologischen Grundlagen der Lernvorgänge verstanden und in die schulische Aktivität miteingebaut werden.

Hier ein paar wichtige Grunderkenntnisse, die uns zeigen, wie wenig isoliert unsere geistige Tätigkeit vom übrigen Organismus - und von der Umwelt - betrachtet werden darf:
Schon die "Verdrahtung" unserer Neuronenbahnen, die ja zum größten Teil in den ersten Lebensmonaten stattfindet, erfolgt nur zum Teil auf der Basis unserer Erbanlagen. Ein weiterer Teil entsteht in Wechselwirkung mit der Umwelt, also durch die Sinnesorgane unseres Organismus. In dieser Zeit prägt

jede Wahrnehmung in irgendeiner Weise das Wachstum der Gehirnzellen und ihrer Verfaserungen mit. So kommt unser Gehirn auf geniale Weise zu einem wirklichkeitsnahen Grundmuster, ohne welches wir mit unserer Umwelt wahrscheinlich nie in Kontakt treten könnten. Denn durch diese "kybernetische" Gestaltung findet die Umwelt später in unserem Gehirn ein Netz, mit dem sie in Resonanz treten und Assoziationsmöglichkeiten finden kann: unser Gehirn erkennt sich selbst in dieser Umwelt wieder. Es entstehen Vertrautheit und Verständnis - wichtige Grundbedingungen des Lernens, des Sich-Zurechtfindens in dieser Welt.

Schnitt durch eine Partie der menschlichen Großhirnrunde zum Zeitpunkt der Geburt (links), daneben im Alter von drei Monaten und von drei Jahren. Man erkennt deutlich, daß sich die entscheidenden Veränderungen im Gehirn innerhalb der ersten drei Lebensmonate abspielen. (Nach Conel.)

Gleichzeitig sehen wir daran, daß die Ausbildung unserer Denkbahnen nicht nur innerhalb der kognitiven Bereiche der grauen Hirnrinde unseres Großhirns verläuft, sondern <u>zwischen</u> diesen und allen anderen Gehirnarealen, auch denen, die über das vegetative System und die verschiedenen Hormondrüsen mit dem übrigen Organismus verbunden sind. Wie schon angedeutet, dreht es sich dabei vornehmlich um die Hypothalamusregion, das limbische System, das Ammonshorn und die Formatio reticularis. In diesen Regionen werden sensorische, motorische und vegetative Systeme zusammengeführt. So entstehen dann z. B. Kombinationen von Sinnesreizen mit dem Sexualbereich. Erst dadurch können lustbetonte Empfindungen wie Erfolgserlebnisse u. ä. geweckt werden, die nunmehr mit einer ankommenden Information gekoppelt sind. Die Speicherung und Verarbeitung von Information wird in der Tat stark durch deren emotionalen Gehalt beeinflußt.

Wenn wir daher, wie in diesen Denkspielen, das geistige Arbeiten mit Freude, Erfolgserlebnis, lustvoller Anregung, Neugier, Spaß oder Spiel verbinden, setzen wir also Lernhilfen ein, denen ganz konkrete biologische Mechanismen zugrunde liegen; die Information wird weit besser verankert, als wenn diese isoliert eintrifft: eine Aktivierung der positiven Hormonreaktionen, die jeder, solange sie in unseren Schulen und Universitäten so sträflich vernachlässigt werden, selbst üben und beherrschen lernen sollte, um sie zu seinem eigenen Vorteil einzusetzen. Der Effekt ist dann sogar ein doppelter: beim späteren Abrufen des Gelernten werden die gleichen Emotionen wieder mit abgerufen und erleichtern nunmehr auch die Weiterverarbeitung der Information.

Um eine Gesamtübersicht über die hier mitspielenden Vorgänge vor Augen zu haben, sei im folgenden das "Netzwerk vom Lernen", wie es in dem Buch "Denken, Lernen, Vergessen"[1] nach und nach aufgebaut wurde, einmal zusammenhängend erläutert.

[1] Frederic Vester, a. a. O.

Das Netzwerk vom Lernen

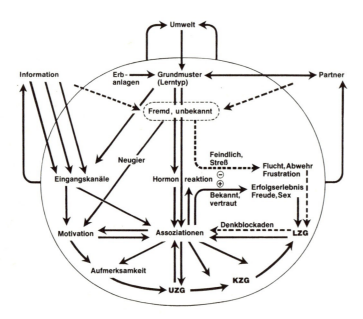

Erst wenn all dies im einzelnen Menschen gut funktioniert, wird auch die Wirkung des Menschen nach außen sinnvoller und verständiger: die Information, die er auf diese Weise verarbeitet und weitergibt, die Haltung und die Gefühle, die er anderen Menschen entgegenbringt, die Tätigkeiten, mit denen er wiederum seine Umwelt gestaltet.

Das Netzwerk vom Lernen

Aus den bis zur Geburt hauptsächlich durch die ERBANLAGEN entstandenen, zunächst noch spärlichen Vernetzungen hat sich schon bei einem drei Monate alten Säugling unter dem Einfluß der UMWELT, der ersten Wahrnehmungen also, ein deutliches GRUNDMUSTER ausgebildet, wobei die Verknüpfungen natürlich von Kind zu Kind verschieden sind. Nur ein kleiner Teil dieses Grundmusters ist also VERERBT, liegt schon bei der Geburt vor.

Die ersten Verdrahtungen unserer Neuronenverbindungen im Gehirn werden wahrscheinlich auch mitbestimmen, mit welchen PARTNERN, d. h. anderen Grundmustern - sei es ein Ehepartner oder ein Lehrer, eine bestimmte Umgebung oder ein Buch - wir später am besten kommunizieren.

Da aber die Grundmuster auch gleichzeitig die EINGANGSKANÄLE unserer sinnlichen Wahrnehmungen betreffen und diese bei sonst gleichem GRUNDMUSTER wiederum von Mensch zu Mensch sehr verschieden und in spezieller Weise ausgeprägt sein können, ergibt sich eine weitaus größere Vielfalt in den Aufnahmemöglichkeiten von INFORMATIONEN, also eines Lernstoffs, als wir dies lediglich nach der unterschiedlichen Resonanz unserer Sinnesempfindungen vermuten können.

Aber auch Emotionen spielen stark in den Lernvorgang hinein. Auch Gefühle sind ja Wahrnehmungen, jedoch solche, die über das Zwischenhirn mit den HORMONREAKTIONEN in unserem Körper zusammenhängen. Und schauen wir auf unser Netzwerk, so finden wir, daß die von Mensch zu Mensch verschiedenen HORMONREAKTIONEN ebenfalls durch das GRUNDMUSTER vorgeprägt sind. Das gleiche gilt für die Anlage der individuellen ASSOZIATIONSWELT.

Je mehr bekannte ASSOZIATIONEN durch eine neue INFORMATION angerührt werden, desto größer ist die Chance, daß die AUFMERKSAMKEIT geweckt wird. Wenn aber nichts da ist, woran wir die neue Information anknüpfen können, wenn sie kein Erkennungssignal für das Gehirn hat, wird eine solche INFORMATION sozusagen schon beim Pförtner abgewimmelt. Und dieser Pförtner ist das ULTRAKURZZEIT-GEDÄCHTNIS (UZG).

In dieser ersten Speicherstufe, dem Momentan- oder Ultrakurzzeit-Gedächtnis, halten sich die eingehenden Informationen 5 - 20 Sekunden lang in Form von meßbaren elektrischen Strömen auf und klingen dann, wenn sie nichts gefunden haben, woran sie sich festhalten können, unweigerlich wieder ab. Solche Informationen gehen an uns vorbei wie Straßenlärm oder wie die Laute einer fremden Sprache. Die AUFMERKSAMKEIT wird nicht geweckt. ASSOZIATIONEN sind nicht vorhanden. Nichts wird gespeichert.

Hat jedoch die Information den Pförtner passiert, also werden bestimmte ASSOZIATIONEN angesprochen, so ist der nächste Schritt des Lernens die Aufnahme im Vorzimmer, im KURZ-ZEIT-GEDÄCHTNIS (KZG). Es ist mit der chemischen Synthese der Nukleinsäure RNA verbunden und hält etwa 10 - 30 Minuten an. Hier wird die Information zum ersten Mal zu Materie. Erst wenn von dieser "RNA" rechtzeitig "Kopien" in Form von Eiweißmolekülen gemacht werden, gelangt mit diesen die Information ins LANGZEIT-GEDÄCHTNIS (LZG).

In einem vierten Schritt, der sogenannten "Konsolidierung", wird schließlich die anfängliche Information unter Vervielfältigung dieser Eiweißstoffe so abgelagert und gefestigt, daß all ihre Querbeziehungen zum Tragen kommen können. Nun läßt sich auch nach Jahrzehnten eine bestimmte Erinnerung - sei sie ein Gefühl, ein Geruch, ein Bild, eine Melodie oder ein ganzes Erlebnis - aus unserem Gedächtnis voll zurückrufen.

Sosehr wir uns auch beim Lernen darüber ärgern, daß die ersten beiden Stufen immer erst überwunden werden müssen, ehe etwas ins LANGZEIT-GEDÄCHTNIS gerät, so wären wir doch ohne die Filterwirkung der Stufen des UZG und KZG verloren und würden längst unter einer Informationsfülle ersticken.

Damit unser KZG die Informationen aus dem vorbeihuschenden UZG besser abruft, können wir einiges tun. Über je mehr KANÄLE z. B. eine INFORMATION eintrifft, umso eher wird diese Information Assoziationsmöglichkeiten vorfinden. Je mehr ASSOZIATIONEN aber, desto größer auch die sogenannte MOTIVATION, der Beweggrund, der Antrieb und damit auch die AUFMERKSAMKEIT zum Lernen.

Gerade dabei hilft uns nun aber auch die ganze Verpackung, die BEGLEITINFORMATION, in der eine neue Information ankommt.
Es ist leider allgemein viel zu wenig bewußt - und wird daher auch im Unterricht nicht beachtet -, daß die beim Lernen gespeicherte Information eben nicht nur aus dem Stoff besteht, der gelehrt wird, sondern auch aus allen dabei mitgespeicherten, mitschwingenden übrigen Wahrnehmungen.
Die Konsequenzen dieser BEGLEITINFORMATIONEN für das Lernen sind gewaltig. Denn sie können es sowohl ungemein fördern, wenn man sie richtig einsetzt als auch ein Lernen völlig unmöglich machen.
Wie gesagt, wird eben keineswegs nur der Lernstoff als Information aufgenommen, sondern eben eine große Menge von Wahrnehmungen aus dem Milieu.
Vertraute Begleitumstände beim Lernen lassen so weit weniger ABWEHR, ABNEIGUNG gegen den unbekannten

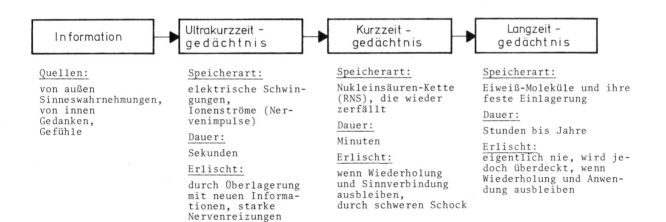

neuen Stoff aufkommen. Ja, die VERTRAUTE Verpackung vermittelt sogar ein kleines ERFOLGSERLEBNIS: Das Gefühl des Wiedererkennens. Ein Trend in Richtung der "POSITIVEN" HORMONLAGE entsteht, weg vom Streßmechanismus.

Durch die Vielfachverankerung schwingen außerdem auch weitere EINGANGSKANÄLE mit, Wahrnehmungsfelder im Gehirn, die von der vielleicht nur verbal-abstrakten Information selbst gar nicht genutzt wurden, aber nun indirekt doch beteiligt sind.

Die Schule aber ist arm an solchen ASSOZIATIONSHILFEN, ja diese sind geradezu verpönt, weil sie nach der herkömmlichen Meinung vieler Pädagogen und Eltern nur ablenken vom "Eigentlichen". So kommt es, daß ausgerechnet die Schulatmosphäre und die dort übliche Art den Lernstoff "unverpackt" oder sogar durch Abstraktion zusätzlich verfremdet anzubieten, oft ANGST, ABWEHR, FEINDLICHE Haltung und damit eine "NEGATIVE" Hormonlage erzeugen.
Die Sekundärinformation FREMD, UNBEKANNT und somit FEINDLICH kann jedenfalls über den STRESSMECHANISMUS das Lernen und Erinnern genauso verhindern, als wenn jemand von einem Lehrer direkt angebrüllt wird.

Jene grundlegende Abneigung gegen alles Fremde würde grundsätzlich jedes Lernen unmöglich machen, hätte die Natur nicht ein Mittel, dies zu überwinden - die NEUGIERDE! Sie ist der Grundtrieb des Lernens überhaupt. Ein Trieb, der bei allen höheren Tieren vorhanden ist und die ABWEHR gegen das FREMDE überwiegen kann. Und genau hier müssen wir auch in der Schule die NEUGIERDE einsetzen. Sie bildet den Antrieb, die MOTIVATION, auch einen FREMDEN, unbekannten Stoff aufzunehmen, ihm AUFMERKSAMKEIT zu widmen und geeignete ASSOZIATIONEN für ihn zu suchen. Die NEUGIER stellt daher auf unserem Netzplan die wichtige Brücke von FREMD-UNBEKANNT zur MOTIVATION dar, ohne daß der hemmende Weg über STRESS, FLUCHT oder FRUSTRATION eingeschlagen werden muß.

Dieser Mechanismus kann dann, wie schon angedeutet, durch eine VERTRAUTE Verpackung des neuen Stoffes noch zusätzlich verstärkt werden. Doch woher die richtige Verpackung nehmen? Nun, es gibt eine, die ständig vorhanden ist und alle anderen Aufhänger ausstich: unser eigener Körper. Fordern wir also, das rein begriffliche Lernen auch dadurch zu ergänzen, daß man - wie es gute Lehrer längst tun - all unsere Glieder, all unsere Sinnesorgane, das Tasten, Fühlen und Bewegen miteinbezieht.

Natürlich gilt dies nicht nur für den Unterricht, sondern auch für schriftliche Texte, Arbeitsbögen und Schulbücher. Was die letzteren betrifft, so zeigt auch wieder unser Netzplan, was dann zustandekommt, wenn es für einen Schulbuchautor wichtiger ist, zu zeigen, was er alles von seinem Fach versteht, als seine eigentliche Aufgabe zu erfüllen, nämlich dem Schüler einen Stoff wirklich nahezubringen.

Der Erfolg: der Stoff bleibt unbekannt, FREMD, FEINDLICH. Keine ASSOZIATIONSMÖGLICHKEIT, kein größerer Zusammenhang. NEUGIERDE wird nicht geweckt, und damit fehlt auch die MOTIVATION. Durch den unnötigen Wust von Detailwissen kommt es im UKZ zu Interferenzen - Fehler noch und noch! Doch die Fehler, die erst dadurch wiederum beim Schüler entstehen, werden dann diesem angekreidet.

Aber nicht nur diese lernbiologischen Grundlagen und Funktionen als solche sollten wir kennen und einsetzen lernen, auch die daraus entstehenden individuellen und sozialen Kostellationen. So sollte grundsätzlich auch in diesen Denkspielen und Übungen zum Aufmerksamkeitstraining versucht werden, die ganze Klasse einzubeziehen und damit jedes Spiel mehreren Lerntypen gleichzeitig zugänglich zu machen. Bei einer Reihe von Denkspielen gelingt dies durch entsprechende Rollenverteilung. So werden auch diejenigen, die - obgleich sehr intelligent - vielleicht nur langsamer sind und sonst nicht dazu kommen, sich zu melden, aktiviert. Zum Beispiel beim "Buchstabenstreichen".

Manche Übungen (z. B. "Nachahmen") helfen bestimmte Lernvorgänge bewußt zu machen, bestimmte Fähigkeiten bewußt einzusetzen, was wiederum ein neues Selbstwertgefühl und Sicherheit erzeugt (die ihrerseits wieder lernfördernd sind). Wo dies möglich ist (z. B. auch bei der Übung "Original und Kopie") sollten die Schüler angeregt werden, sich nach den Fertigkeiten und Wegen gegenseitig auszufragen, mit denen der ein oder andere besonders gut zurechtkam. Die Anregung, sich auf diese Weise sozusagen über "Denkmethoden" zu unterhalten, fördert außerdem das Interesse am Lernen generell.

Mindestens ebenso hilfreich ist dieses "Abstand-
nehmen" aber auch für die Einschätzung des eigenen
Lerntyps. Die Tatsache, daß ich anders lerne
als mein Nachbar, wird endlich nicht mehr als
Mangel empfunden, der vertuscht werden sollte,
sondern als mein ganz persönlicher Ansatzpunkt,
um überhaupt wirkungsvoll lernen zu können. Auch
daß ich beim Lernen Fehler mache, bedeutet kein
Versagen, sondern eine der wirkungsvollsten Hil-
fen, sich in einem noch unbekannten System zu
orientieren. Und wenn mir mein Mitschüler bei
einer Aufgabe hilft, mir ein Stichwort vorsagt,
so sollte dieser Vorgang nicht bestraft werden,
sondern als eine der wesentlichen sozialen Funktionen des Gruppenwesens Mensch begrüßt werden.

Leider rühren wir jedoch gerade mit diesen Fragen,
etwa was eigentlich der individuelle "Lerntyp"
bedeutet, was eigentlich ein "Fehler" für Aufgaben
hat oder auch was gegenseitiges "Helfen" für das
spätere Sozialverhalten bedeutet, an Faktoren, die
man glaubt, im Unterricht umgehen, verdrängen
zu müssen, statt sie abzubauen und _für_ das Lernen
einzusetzen. Betreffen sie doch Vorgänge und
Funktionen, die von der Natur der Beschaffenheit
unseres Organismus her speziell für das Lernen einge-
richtet sind. Statt dessen werden häufig Faktoren,
die von Natur aus gerade _nicht_ für das Lernen da

sind, ja die im Grunde Denkblockaden erzeugen, Assoziationen verhindern und eine willentliche Konzentration unmöglich macht, häufig mit dem Lernvorgang verbunden ist: Angst, Verunsicherung, Scham, Langeweile, Frustration usw.

Streß, der zu Denkblockaden führt, kann, wie wir sahen, sowohl durch Angst, Ärger und Unlust als auch durch Konfrontation mit einer unverständlichen oder allzu fremden Information entstehen. Denkblockaden haben somit nichts mit einem geistigen Versagen, mangelnder Intelligenz oder schwachem Willen zu tun. Ihnen liegt ein ganz natürlicher biochemischer Mechanismus zugrunde. Da jedoch der Streßmechanismus bei den Menschen verschieden stark ausgeprägt ist, ist auch die Häufigkeit und Stärke von Denkblockaden von Mensch zu Mensch verschieden.

Trotz seiner unangenehmen Seiten ist dieser Mechanismus natürlich äußerst wichtig, denn in Momenten der Gefahr präpariert er ein Lebewesen auf sofortige Flucht- oder Angriffsraktion. Hier würde jedes Denken eine Verzögerung bedeuten und daher lebensgefährlich sein. Durch die Denkblockade wird das Gehirn auf Sofortreaktion geschaltet, die das Lebewesen zu außergewöhnlichen momentanen Kraftleistungen befähigen. Nur beim Lernen hat er eben ganz und garnichts zu suchen.
Von Natur aus, so wie wir es für das Vorschulkind und außerhalb der Schule beobachten können, findet in der Tat alles Lernen nur in einer entsprechend geeigneten und fördernden Atmosphäre und durch entsprechende Stimuli statt (Entspannung, Freude, Faszination), in einer Atmosphäre, wo selbst "Fehler" immer nur "Orientierungshilfen" und nicht etwa "Versager" sind.

Je mehr also Lehrer mit den Schülern spielen, desto entkrampfter, entspannter und lernbereiter werden sie. Gerade wenn es darum geht, wichtige Denkfähigkeiten zu entwickeln, wie sie (im Gegensatz etwa zum bloßen Merken und Auswendiglernen) in der Schule kaum eingeübt werden, gelingt dies am besten im Spiel: Analogien bilden, Vergleiche ziehen, Muster erkennen, aber auch das Abstrahieren üben und von dort wieder zurück das Konkretisieren, das Auswendiglernen (Mnemotechnik) oder das bildhafte Darstellen. All dies hilft auch dem Schüler, seinen eigenen Lerntyp zu finden und diesen nach und nach optimal einzusetzen.

Die 48 Denkspiele und ihr pädagogisch-didaktischer Kommentar können natürlich nur eine erste Anregung sein, selber weiterzumachen, andere Variationen und Spiele zu erfinden. Denn auf solche Weise Denkfähigkeiten und Aufmerksamkeit zu entwickeln, entspricht völlig dem natürlichen Lernvorgang, weil so mehr oder weniger der ganze Organismus auf das Lernen eingestellt wird. Die Übungen sind auch in dieser Hinsicht in der Praxis durchprobiert und zumindest einige mögliche "Pannen" in der Beschreibung notiert worden. Weiterhin wurde möglichst auf den sozialen Kontakt während eines Denkspiels geachtet und die Einteilung in Sieger und Verlierer, in Dumme und Schlaue, in Bevorteilte und Benachteiligte ebenso tunlichst vermieden bzw. "umfunktioniert", wie die typischen Lernkiller: Langeweile, Frustration, Verunsicherung, Blamage u. ä. Wo sich noch Schwächen finden sollten, bitten die Autoren um Hinweise und Anregungen.

Diese Denkspiele wurden in erster Linie zusammengestellt, um Aufmerksamkeit zu trainieren. Analysiert man die Übungen jedoch einmal, wie wir das in den folgenden Kommentaren versucht haben, im Licht lernbiologischer Vorstellungen - soweit es die heutigen Erkenntnisse erlauben -, so setzen sie doch noch an einer Reihe von anderen Hebeln an, die eben nicht nur die Aufmerksamkeit erhöhen. In den ersten 25 Denkspielen geht es dabei vielfach um Übungen, die einfach einmal die verschiedenen Arten der Gehirntätigkeit erkennen lassen und sie dabei mit Spaß, Freude und Neugier verbinden.
In der zweiten Hälfte häufen sich Spiele, mit denen man dann richtiggehende Denktricks herausfinden kann, unter anderem solche, die uns helfen, unsere Phantasie zu aktivieren, unser Lernen in den unterschiedlichsten Bereichen auf ein anderes Niveau zu heben - und dies unter zunehmendem Einsatz eines "vernetzten" (lateralen) Denkens.

Ausnahmslos alle Übungen sollten jedoch mithelfen, eine ungetrübte Lernbereitschaft zu erzeugen, das Lernen allmählich selbst in die Hand zu nehmen. Wir verhindern damit, daß wir von den Forderungen eines stumpfen und gegen die menschliche Natur gerichteten "Lernens" beherrscht werden, was unweigerlich eine lernfeindliche Haltung in uns aufbaut, die uns das ganze spätere Leben hindurch belasten kann. Denn - so sagte schon der große Empiriker Sir Fracis Bacon - "Um der Natur zu befehlen, muß man ihr gehorchen"!

Wie dies zum Beispiel für den Lernstoff und seine Aufbereitung geschehen kann, sollen die folgenden 13 Regeln aus "Denken, Lernen, Vergessen"[1] noch einmal zusammenfassend verdeutlichen:

---

[1] Frederic Vester, a. a. O.

1. LERNZIELE KENNEN

Dem Lernenden müssen zu jedem Zeitpunkt Wert und Bedeutung eines Lernstoffs persönlich einsichtig sein. Nur dann werden Antrieb und Aufmerksamkeit geweckt, der Schüler zum Lernen motiviert, der Organismus auf "Aufnahme" gestimmt und der Inhalt sinnvoll gespeichert. Die Information wird "tiefer" verankert, weil dann über die kognitiven Verarbeitungsregionen der Gehirnrinde hinaus z. B. auch das limbische System "emotional" mitbeteiligt ist.

2. SINNVOLLES CURRICULUM

Lernstoff, dessen Nutzanwendung weder aus seiner Beziehung zur Wirklichkeit noch aus vorhergehenden Lerninhalten einsehbar ist, wird bereits schlecht im Gedächtnis verankert (siehe oben). Zum andern ist er später wertlos, da er isoliert gespeichert und für weitere Gedankenverbindungen dann nicht verfügbar ist. Reihenfolge und Aufbau eines Themas oder Unterrichtsgebiets sind daher nach <u>realen</u> Lernzielen und nach ihrer Verständnisfolge zu gliedern und nicht nach historischen oder fachsystematischen Gesichtspunkten.

3. NEUGIERDE KOMPENSIERT "FREMDELN"

Wo Neugier, Faszination und Erwartung fehlen, wird die so wichtige Lernbereitschaft für einen zunächst fremden Stoff nicht geweckt. Vielmehr löst die Konfrontation mit dem Ungewohnten dann über das Zwischenhirn und den Sympathikusnerv eine direkte Stimulation von Catecholaminen - auch in bestimmten Gehirnregionen - aus, was bei geringen Streßreizen vielleicht noch das Behalten, aber nicht das Verstehen ermöglicht und bei stärkeren Reaktionen zudem die Abwehrhaltung gegen den Lernstoff zementiert.
Die Konsolidierung und Verarbeitung der aufgenommenen Information kann nicht mehr erfolgen.

4. NEUES ALT VERPACKEN

Unbekannt = feindlich = Streß. Die dadurch ausgelöste negative Hormonlage blockiert wie oben erwähnt das Denken und Kombinieren und verhindert, daß sich der Stoff assoziativ verankert. Vertraute "Verpackung" mildert dagegen die Abwehr gegen das Unbekannte und vermittelt darüber hinaus durch das Gefühl des Wiedererkennens ein kleines Erfolgserlebnis, und der Trend geht in Richtung lernpositiver Hormonlage.

5. SKELETT VOR DETAIL

Größere Zusammenhänge hängen selbstredend immer irgendwie mit der alltäglichen Erlebniswelt, also mit Vertrautem zusammen. Eine solche Information ist daher im Gegensatz zu den Details nie allzu fremd. Sie wird sich eher auf vielen Ebenen im Gehirn verankern können und ein empfangsbereites Netz für später angebotene Details bieten, so daß diese "saugend" aufgenommen werden.

6. INTERFERENZ VERMEIDEN

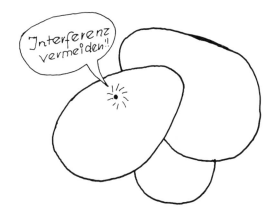

Zusatzwahrnehmungen ähnlichen Inhalts stören oft das Abrufen der innerhalb des Ultrakurz-Gedächtnisses kreisenden Erstinformation. Sie lassen diese ohne feste Speicherung abklingen und verhindern so das Behalten. Besser ist es, die Erstinformation zunächst ins Kurzzeit-Gedächtnis abzurufen, d. h. an bekannten Gedankeninhalten zu verankern, und dann erst "Variationen über das Thema" anzubieten.

7. ERKLÄRUNG VOR BEGRIFF

Durch eine Erklärung von Tatsachen oder Zusammenhängen (ohne noch den zu erklärenden Begriff zu nennen) werden entsprechend unserer fünften Regel bereits bekannte Assoziationsmuster geweckt, an denen dann der eigentliche neue Begriff - auf den man nun neugierig ist - fest verankert werden kann.

8. ZUSÄTZLICHE ASSOZIATIONEN

Durch veranschaulichende Begleitinformation und Beispiele erhält eine neue Information gleichsam ein Erkennungssignal für das Gehirn. Operationale (anschauliche) Darstellung läßt weitere Eingangskanäle und sonst nicht benutzte haptische und motorische Gehirnregionen mitschwingen. Das garantiert bessere Übergänge ins Kurzzeit- und Langzeit-Gedächtnis und bietet vielseitigere Möglichkeiten, die Information später abzurufen.

9. LERNSPASS

Spaß und Erfolgserlebnisse sorgen für eine lernpositive Hormonlage und damit für ein reibungsloses Funktionieren der Synapsen und des Kontaktes zwischen den Gehirnzellen. Daher werden mit positiven Erlebnissen verknüpfte Informationen besonders gut verarbeitet und verstanden und ebenfalls wieder vielseitig (und somit "anwendungsbereiter") im Gedächtnis verankert.

10. VIELE EINGANGSKANÄLE

Den Lernstoff über möglichst viele Eingangskanäle anbieten, einprägen und verarbeiten. Je mehr Wahrnehmungsfelder im Gehirn beteiligt sind, desto mehr Assoziationsmöglichkeiten für das tiefere Verständnis werden vorgefunden, desto größer werden Aufmerksamkeit und Lernmotivation, und desto eher findet man die gelernte Information wieder, wenn man sie braucht.

11. VERKNÜPFUNG MIT DER REALITÄT

Der Lerninhalt möglichst viel mit realen Begebenheiten verbinden, so daß er wie in Punkt 1o "vernetzt" verankert wird. Werden reale Erlebnisse angesprochen, so wird der Lerninhalt trotz zusätzlicher Information eingängiger (Aufnahme als "Muster" statt als "lineare Folge"). Bei der anschließenden Verfestigung des Gelernten (Konsolidierung) wirkt dann die reale Umwelt als unentgeltlicher und unbemerkter "Nachhilfelehrer", weil sie das Gelernte zum Mitschwingen bringt.

12. WIEDERHOLUNG NEUER INFORMATION

Jeden Lernstoff in Abständen wiederholt aufnehmen. Wenn eine Information wiederholt über das Ultrakurzzeit-Gedächtnis (aber nicht innerhalb der Zeitspanne des UZG) aufgenommen wird, kann sie mit mehreren vorhandenen Gedächtnisinhalten assoziiert werden. Vorstellungen und Bilder werden geweckt, die die vielen Wahrnehmungskanäle eines echten Erlebnisses teilweise ersetzen und eine Einkanal-Information wenigstens innerlich zur Mehrkanal-Information machen, quasi zu einem inneren Erlebnis.

13. DICHTE VERKNÜPFUNG

Eine dichte Verknüpfung aller Fakten eines Unterrichts, eines Buches oder einer Aufgabe miteinander stärkt die Punkte 4, 5, 8, 1o und 11, vermittelt Erfolgserlebnisse und fördert das Behalten wie auch das kreative Kombinieren ohne zusätzlichen Aufwand.
Eine solche Verknüpfung und Abstimmung gilt natürlich auch für diese dreizehn Punkte selbst. Man sollte sie für jeden praktischen Fall abwägen und mit dem jeweiligen Lerntyp in Einklang bringen.

WÖRTERKETTE

Reihum werden Wörter ausgerufen, die mit dem Endbuchstaben des vorigen Wortes beginnen.

Verbesserung von
- Aufmerksamkeit
- Reaktionsgeschwindigkeit
- Wortschatz

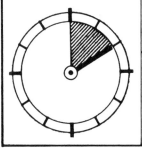

PÄDAGOGISCH-DIDAKTISCHER KOMMENTAR

In Klassen, in denen die Schüler ihre Mitschüler oft unterbrechen und nicht ausreden lassen, kann dieses Spiel den Einstieg zu einer sinnvollen Gesprächsführung bringen.

Der Schüler erlebt sich selbst im Zusammenhang mit der Klasse. Sowohl daß er an das Wort des vorherigen Schülers anknüpfen kann, als auch daß sein Wort von dem nächsten aufgegriffen wird, bedeutet ein Erfolgserlebnis.

Das Momentangedächtnis (Ultrakurzzeit-Gedächtnis) wird geschult, ebenso die Assoziationsfindung - auch wenn diese unlogisch (aber vielleicht gerade dadurch kreativ) ist.

VORBEREITUNG

- Material: Schlüsselbund oder verknotetes Taschentuch.
- Schüler : Ab Mitte 2. Schuljahr; je nach Schwierigkeitsgrad bis Klasse 9.
- Ort   : Klassenzimmer; die Schüler sitzen im Kreis.
- Dauer   : 1o Minuten.

ÜBUNGSBEISPIELE:

Die Schüler sitzen im Kreis. Der Lehrer sitzt mitten darunter. Er sagt ein Wort, zum Beispiel: "Haus" und wirft einem Schüler einen Schlüsselbund oder ein verknotetes Taschentuch zu. Dieser Schüler muß jetzt ein Wort finden, das mit S - dem letzten Buchstaben des ersten Wortes - beginnt. Der Schüler nennt zum Beispiel: "Salz" und wirft den Schlüsselbund einem anderen Schüler zu. Dieser muß jetzt ein Wort bilden, das mit Z beginnt usw. Wer in der Zeit, in der der Spielleiter langsam oder schnell - je nach Klassenstufe - bis drei gezählt hat, kein Wort gefunden hat, der muß ein Pfand abliefern.

Variation 1:
Die Wörter müssen aus bestimmten Bereichen, z. B.: "Was alles im Garten ist" oder ähnlich sein.

Variation 2:
Das neue Wort muß mit den letzten beiden Buchstaben des vorhergegangenen Begriffes beginnen.

Variation 3:
Die Wörter müssen zusammengesetzte Hauptwörter sein.

Variation 4:
Es werden nur zusammengesetzte Hauptwörter gesucht, z. B.: Wasserdampf - Dampftopf - Topflappen usw.

DETEKTIVSPIEL
(Zuhören)

In vorgelesenen Sätzen werden logische Fehler aufgespürt.

Verbesserung von
- Aufmerksamkeit
- Erkennen unlogischer Zusammenhänge

PÄDAGOGISCH-DIDAKTISCHER KOMMENTAR

Die Schüler können hier ohne Hemmungen einmal den Lehrer korrigieren. Die Angst vor dem "überlegenen Artgenossen" (und damit lernfeindlicher Streß) wird abgebaut. Die Übung spricht kombinatorische Assoziationszentren an und fördert den Übergang vom Momentangedächtnis in das Kurzzeitgedächtnis. Durch die Beschränkung auf nächstliegende Assoziationen (weiterspinnen nicht erlaubt!) sind hier sonst vielleicht benachteiligte Lerntypen bevorzugt.
Kurze Nachrichten in Zeitungen eignen sich besonders gut, neue Geschichten zu erfinden.

BALD HÖHERE KFZ-PRÄMIEN

Wegen der Zunahme der Schäden in der Kraftfahrzeugversicherung muß wahrscheinlich im nächsten Jahr mit einer Prämienerhöhung gerechnet werden. Das wurde von der Colonia-Versicherung mitgeteilt.

Ersetzen Sie hier das Wort "Prämienerhöhung" durch "Prämiensenkung"!

RAUBÜBERFALL AUF EINEN GESCHÄFTSMANN

Mit einer Pistole bedroht wurde gestern Abend kurz nach 18.3o Uhr auf dem Hohenzollernring ein Geschäftsmann von zwei maskierten Tätern, als er seine Tageseinnahmen in den Nachttresor einer Bank werfen wollte. Die bewaffneten Diebe zwangen den Mann, ihnen die Tageseinnahmen in Höhe von rund 3ooo.-- DM herauszugeben.

Der letzte Satz wird geändert in: "Die bewaffneten Diebe zwangen den Mann von ihnen 3ooo.- DM anzunehmen."

Beispiele aus der Kölner Rundschau vom 8. 6. 1978.

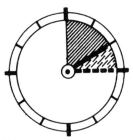

VORBEREITUNG
- Material: Geschichten/Sätze (aus der Zeitung) verändern.
- Schüler : Ab Klasse 1, je nach Schwierigkeit bis Klasse 9.
- Ort : Klassenzimmer; die Schüler sitzen an ihren Tischen.
- Dauer : Maximal 15 Minuten.

ÜBUNGSBEISPIELE:

Die Schüler sitzen auf ihren Plätzen. Der Lehrer erzählt kurze Geschichten oder Sätze, in denen irgend etwas unlogisch oder falsch ist. Die Schüler sollen genau auf die Texte achten und sobald sie etwas gemerkt haben, aufzeigen.
Ältere Schüler (ab 3. Schuljahr) können auch den oder die Fehler aufschreiben.

Beispielsätze:
Gestern abend drehte ich im Fernsehapparat das warme Wasser an und wusch mir die Hände.
Herr Meier war sehr müde und legte sich zum Schlafen unter das Bett.
Frau Müller kaufte beim Friseur ein Pfund Fische.
Morgens, wenn die Schule beginnt, stellen die Schüler die Stühle auf den Tisch und setzen sich hin.
Herr Müller machte die Milchflasche auf und schenkte sich daraus Wein in sein Glas.

Beispielgeschichten:
Herr Schmitz steht morgens schon um halb sieben auf. Dann duscht er sich, rasiert sich und putzt sich mit dem Kamm die Zähne. Jetzt kann er in Ruhe frühstücken, denn er muß erst um halb sechs zur Arbeit fahren.

Jeden Morgen fährt Herr Sielmann mit dem Auto zur Arbeit. Neulich war er etwas spät dran, außerdem kam er noch in einen Stau. Um die verlorene Zeit wieder aufzuholen, drehte er besonders schnell am Lenkrad, damit das Auto schneller fuhr.

Jeden Mittag kocht Mutter das Essen. Am liebsten essen wir ihre Linsensuppe. Sie schneidet Kartoffeln klein, röstet Speck an und gibt die Linsen mit Gewürz und Wasser in einen großen Topf. Damit alles besonders schnell kocht, tut sie den Deckel auf den Topf und stellt ihn dann in den Kühlschrank. Wenn wir von der Schule nach Hause kommen, ist die Suppe dann fertig.

MUSTER WEITERMALEN	PÄDAGOGISCH-DIDAKTISCHER KOMMENTAR
In einem vorgezeichneten Teilmuster soll das Prinzip erkannt - und fortgeführt werden. Verbesserung von - Aufmerksamkeit - Sorgfalt - Genauigkeit - Formensinn 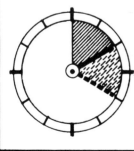	Die Muster sollen so angelegt sein, daß sie von allen Schülern nachmalbar sind. Dabei muß der Lehrer den Schülern zu Anfang genau erklären, wie die Muster aufgebaut sind und wie man die Gesetzmäßigkeit in dem Aufbau an den Kästchen auszählen kann. Obgleich es sich um ein Rekonstruieren handelt, werden Denkvorgänge wie "Vergleiche bilden", "Wiederfinden durch Tun" (analoge Bewegungen über die Motorik) gefördert. Neugier, Überraschung und Erfolgserlebnis (als lernfördernde Emotionen) stellen sich ein, sobald größere Mustereinheiten entstehen oder auch - bei Nichtgelingen - ganz andersartige Formen. In diesem Fall kann der Lehrer zwar auf die Unterschiede hinweisen, aber er sollte auch betonen, wie gut das neugeschaffene Muster des Schülers geworden ist.  Nicht auf Schnelligkeit, sondern auf Sorgfalt und Genauigkeit Wert legen. **VORBEREITUNG** - Material: Tafel, Kreide, Rechenhefte, Buntstifte. - Schüler : Ab Klasse 1 bis Klasse 1o, je nach dem Schweregrad der Muster. - Ort : Klassenzimmer. - Dauer : 1o bis 2o Minuten.

ÜBUNGSBEISPIELE:

Der Lehrer gibt an der Tafel auf dem karierten Teil Muster vor. Diese Muster sollen die Schüler in ihren Rechenheften über eine Seite lang fortsetzen.

Mögliche Muster:

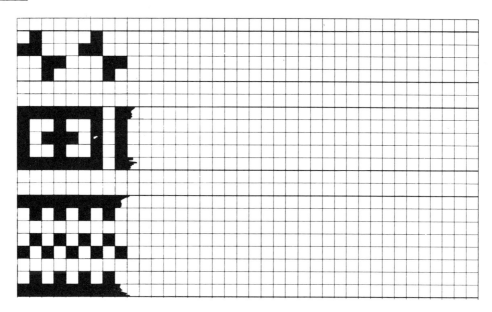

Muster nach: Hirschfeld, Kluge, "Konzentrationstraining" Bonn-Bad Godesberg 1977, Reha Verlag

ZAHLEN (BUCHSTABEN) VERMEIDEN	PÄDAGOGISCH-DIDAKTISCHER KOMMENTAR
Beim Aufsagen von Zahlen oder Wörtern müssen bestimmte Ziffern oder Buchstaben durch ein anderes Symbol ersetzt werden. Verbesserung von - Aufmerksamkeit - Reaktionsgeschwindigkeit - Genauigkeit - Zahlenverständnis 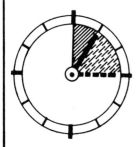	Neugier auf die Wortbildungen, Komik und Erfolgserlebnis durch ständiges Mit- und Vordenken fördern die Lernbereitschaft. Die Kenntnis der eigenen Konzentrationsdauer ist im übrigen eine wichtige Erfahrung für die Organisation des individuellen Lernvorgangs. Bei der Dauer muß beachtet werden, daß es wenig Sinn hat, so lange spielen zu lassen, bis ein Sieger übrig bleibt. Dadurch wird das frühe Ausscheiden einiger Schüler unnötig belastet. Außerdem ist es für die bereits "ausgestiegenen" Schüler langweilig, den zwei Besten unter Umständen minutenlang zuhören zu müssen.
	VORBEREITUNG - Material: - - Schüler : Ab Klasse 1, je nach dem Schwierigkeitsgrad (siehe Variationsformen) bis Klasse 9. - Ort: Klassenzimmer. Die Schüler sitzen im Kreis. - Dauer : 5 bis 15 Minuten

ÜBUNGSBEISPIELE:

Die Schüler sitzen im Kreis. Vorher wird ausgemacht, daß anstelle einer bestimmten Zahl - beispielsweise 5 - "Aua" gesagt wird. Jetzt zählen die Schüler der Reihe nach, beginnend beim jüngsten oder ältesten: 1, 2, 3, 4, "Aua" usw.
Bei zwei- und mehrstelligen Zahlen muß die richtige Lösung zum Beispiel lauten: 13, 14, "Aua-zehn", 16, ... oder: 233, 234, Zweihundertauadreißig, 236 ...
Wer an der falschen Stelle "Aua" sagt oder 5 ausspricht, setzt sich mit seinem Stuhl hinter den Kreis und ist "Mitschiedsrichter".

Variation 1:
Je nach dem Alter der Schüler können an die Stelle des reinen Abzählens auch Primzahlen gesetzt werden.

Variation 2:
Zwei Kreise von Schülern werden gebildet. Welche Gruppe zuerst eine vorher festgelegte Zahl erreicht, ist Sieger. Dabei muß aber ein zweiter Schiedsrichter (Klassensprecher) benannt werden.

Variation 3:
Statt Zahlen werden bestimmte Buchstaben oder Kombinationen "verboten". Die Schüler lesen aus dem Lesebuch einen bestimmten Text. Jeder der Reihe nach ein Wort.
Anstelle von beispielsweise St wird "Aua" gesagt.
Hierbei ist auch Variation 2 möglich.

BUCHSTABEN STREICHEN	PÄDAGOGISCH-DIDAKTISCHER KOMMENTAR

Es sollen möglichst schnell und lückenlos bestimmte Buchstaben in einem Text gefunden und gezählt werden.

Verbesserung von
- Schriftbild
- Rechtschreibung
- Buchstabenkenntnis
- Aufmerksamkeit
- optische Differenzierungsfähigkeit
- Schreibfreude

Das eigene "Werk" (geschriebener Text) wird Mittelpunkt des Interesses - ohne Angst vor Bewertung. Die Folge: neutrale Neugier gegenüber dem Schreibvorgang und gesteigertes Interesse an der "Untersuchung" (da in eigener Verantwortung). Die Schreibtätigkeit wird so auch für später mit positiven Assoziationen verbunden und mag eine neue Beziehung zum Schreiben und zum Wort aufbauen helfen. Schüler, die oft nur unwillig geschrieben haben - besonders nach Diktat - sind mit diesem Spiel leichter an die Rechtschreibung heranzuführen.

Da auf einmal nicht mehr nur die Fehler bei einem Diktat zählen, sondern Punkte für das Unterstreichen vergeben werden, bekommt auch der schlechte Rechtschreiber hier die Chance, bei einer schriftlichen Übung gut abzuschneiden.

Bei Erstklässlern, wo mehr Wert auf die Buchstabenkenntnis gelegt wird, ist es auch möglich, die Texte für diese Übungen abschreiben zu lassen.

Die Punkte so vergeben, daß jedes Kind mindestens zwei Punkte erhalten kann!
Zu Anfang nicht nach Zeit arbeiten!

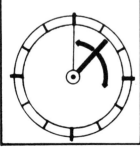

VORBEREITUNG
- Material: Diktattext, Hefte, Stifte, Buntstifte.
- Schüler : Ab Klasse 2 bis Klasse 1o, je nach Variation.
- Ort   : Klassenzimmer.
- Dauer   : wechselnd.

ÜBUNGSBEISPIELE:

Die Schüler sitzen auf ihren Plätzen. Der Lehrer diktiert einen Text, den die Schüler möglichst fehlerfrei und möglichst sauber in die Hefte schreiben sollen.
Nachdem der Text korrigiert worden ist (die Schüler tauschen untereinander die Hefte aus, suchen die Fehler des Mitschülers und schreiben das korrigierte Wort über das durchgestrichene falsche), bekommt jeder Schüler sein Heft zurück.
Jetzt beginnt erst das eigentliche Spiel!
Die Schüler sollen in dem Text beispielsweise alle E unterstreichen und zählen.
Die ganze Klasse vergleicht dann die Lösungen und es werden Punkte vergeben.
Dabei sollte es auch für den sehr flüchtigen Schüler noch möglich sein, mindestens einen Punkt zu bekommen. Für 0 Fehler können zum Beispiel 1o Punkte, für 1 Fehler 9 Punkte usw. vergeben werden.

Variation 1:
Zwei oder mehrere verschiedene Buchstaben (z. B. a und e) sind zu unterstreichen.

Variation 2:
Nur bestimmte Buchstabenkombinationen, z. B. st sind zu unterstreichen.

Variation 3:
Wenn die Schüler einige Übung in dem Spiel haben, werden zusätzliche Zeitpunkte für den 1., 2. usw. vergeben.

DIE MUTTER DECKT DEN TISCH	PÄDAGOGISCH-DIDAKTISCHER KOMMENTAR

DIE MUTTER DECKT DEN TISCH

Die Schüler sind bestimmte Dinge und müssen sich entsprechend verhalten.

Verbesserung von
- Aufmerksamkeit
- Wortschatz
- Reaktion

PÄDAGOGISCH-DIDAKTISCHER KOMMENTAR

Dingliche Begriffe wie Tasse und Teller werden über den verbalen Bereich hinaus mit weiteren Gehirnbereichen assoziiert. Dadurch werden sie nicht nur Oberbegriffen (z.B. "Geschirr") verbal zugeordnet (Mengenlehre), sondern beginnen durch uns selbst "zu leben", sich zu verhalten. Auch die Beziehungen zwischen den Dingen - und damit die Gesamtrealität, von der sie ein Teil sind - werden so vom ganzen Organismus mit erfaßt.

Aus dem Spiel lassen sich sinnvolle Einstiege in die Unterrichtsarbeit (Sachkunde Grundschule) entwickeln.

So kann zum Beispiel das "Tischdecken" die Motivation für eine Unterrichtseinheit "Aufgaben der Mutter" darstellen.

Der "Bauer füttert seine Tiere" oder der "Bäcker backt Brot" oder "eine Heizung wird gebaut" stellen weitere sinnvolle Erarbeitungs- bzw. Motivationsformen dar.

Noch etwas Geduld bitte...

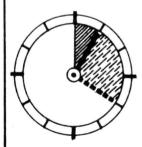

VORBEREITUNG

- Material: -
- Schüler : Klasse 1 bis 4
- Ort   : Klassenzimmer. Die Schüler sitzen im Kreis.
- Dauer   : 5 bis 20 Minuten.

ÜBUNGSBEISPIELE:

Die Schüler sitzen im Kreis. Einer von ihnen stellt die Mutter dar, die den Mittagstisch decken soll. Jeder Spieler im Kreis ist ein bestimmter Gegenstand, der auf dem Mittagstisch nötig ist. Mögliche Gegenstände sind: Tischdecke, Bestecke, Teller, Pfeffer- und Salzstreuer, Senftube, Kartoffel-, Gemüse- und Fleischschüssel, Servietten, Blumenvase usw.
Dabei ist es möglich, daß z. B. vier Schüler jeweils die vier Teller darstellen.
Jedes Kind im Kreis sollte also einen bestimmten Gegenstand darstellen.
Die "Mutter" zählt jetzt auf: "Ich decke auf dem Tisch die Tischdecke."
Der Schüler, der die Tischdecke darstellt, steht auf und verläßt den Kreis.
Dann sagt die Mutter weiter: "Ich stelle die vier Teller auf den Tisch."
Jetzt müssen die "Teller" aufstehen und den Kreis verlassen usw.
Wer seinen Gegenstand vergessen hat oder nicht aufpaßt, muß sich - wenn er während des Spiels "ertappt" wird - neben die Mutter stellen und ihr helfen. Die übrigen bleiben eben bis zum Schluß sitzen.

Variation:
Anstelle von "Tisch decken" wird "Tiere füttern" oder Ähnliches gespielt (siehe pädagogisch-didaktischen Kommentar).

DINGE VERSTECKEN

Im Blickfeld versteckte Dinge sollen möglichst schnell entdeckt werden.

Verbesserung der
- Aufmerksamkeit
- optischen Differenzierungsfähigkeit

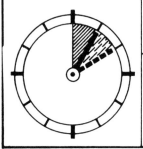

PÄDAGOGISCH-DIDAKTISCHER KOMMENTAR

Dieses Spiel macht Schülern aller Altersstufen sehr viel Spaß, weil es dem kindlichen Wunsch nach Überraschungen sehr entgegenkommt. Dabei ist von verschiedenen Kollegen, die diese Übung in ihren Klassen probiert haben übereinstimmend festgestellt worden, daß meist die ausgefallensten Verstecke von Kindern am leichtesten gefunden werden.

Um einen weiteren Anreiz für die Kinder zu schaffen, ist es möglich, daß derjenige, der das Versteck zuerst gefunden hat, den Gegenstand beim nächsten Spiel wieder verstecken darf.

Einprägen und Wiedererkennen von Mustern (Pattern Recognition) und die Entdeckung von Störungen darin aktiviert sonst recht vernachlässigte Gehirnbereiche. Das Wiedererkennen der gesuchten Dinge in anderen Zusammenhängen, Konstellationen und Blickwinkeln verknüpft diese Aktivität mit starken Erfolgserlebnissen, verstärkt die Freude am Beobachten und Forschen.

 Das Versteck muß ohne große Umstände (auf Tische oder Stühle klettern oder auf dem Boden herumkriechen) zu entdecken sein.

VORBEREITUNG
- Material: Streichholzschachtel o. ä.
- Schüler : Ab Klasse 1 bis Klasse 6.
- Ort   : Klassenraum.
- Dauer   : 5 bis 10 Minuten.

ÜBUNGSBEISPIELE:

Der Lehrer zeigt allen Schülern eine Streichholzschachtel (o. ä.) und erklärt ihnen, daß er diese Schachtel so im Klassenzimmer verstecken wird, daß man sie finden kann, ohne irgendetwas hochzuheben oder zu verändern. Wer von den Schülern die Schachtel entdeckt hat, soll zu ihm kommen und ihm leise (ohne darauf zu sehen oder zu zeigen) das Versteck nennen.
Sinnvolle Verstecke können zum Beispiel sein: die Fensterbank, auf einem Bilderrahmen, neben einem Tischbein usw. Wichtig ist dabei, daß die Schüler die Schachtel entdecken können, ohne allzu große Umstände (auf Tische klettern, auf dem Boden kriechen o. ä.) machen zu müssen.
Nachdem die Schüler den Klassenraum verlassen haben, versteckt der Lehrer die Streichholzschachtel. Bei jüngeren Schülern (bis Klasse 3) ist es sinnvoll, daß der Lehrer den Schülern, bevor er sie wieder in die Klasse holt, noch einmal die Regeln (nicht laut das Versteck ausrufen, auch nicht darauf zeigen) erklärt.

Variante:
Anstatt einen Gegenstand zu verstecken, wird ein Gegenstand in der Klasse verändert (Bild verkehrt herum aufhängen, Stuhl umdrehen, Tisch oder Pult verrücken, Tafelanschrieb verändern u. ä.).

| BUCHSTABEN VERTAU-SCHEN | PÄDAGOGISCH-DIDAKTISCHER KOMMENTAR |

BUCHSTABEN VERTAU-SCHEN

Ein verschlüsselter Text, in dem bestimmte Buchstaben durch andere ersetzt sind, muß entziffert werden.

Verbesserung von
- Aufmerksamkeit
- optische Differenzierungsfähigkeit

PÄDAGOGISCH-DIDAKTISCHER KOMMENTAR

Solche Übungen setzen - als Gegengewicht gegen den Druck der Rechtschreiberegeln - den Schüler über die Sprache, die er hier als einen Code versteht, den man für Mitteilungen nutzt und manipuliert. Er selbst ist der Überlegene (Streßabbau), der die Regeln vorgibt. So beginnt er die Rechtschreiberegeln weniger als Vergewaltigung, sondern eher als Übereinkunft zu verstehen. Das begleitende Erfolgserlebnis beim Entziffern dürfte auch die Langzeitspeicherung des Textes selbst verstärken. Texte dieser Art lassen sich leicht herstellen. Bei jüngeren Schülern (ab Klasse 3) sollte man erst mit dem Vertauschen nur eines Buchstabens beginnen, später können Schüler eigene Texte für ihren Nachbarn verschlüsseln.
Durch das Erstellen von "Geheimnachrichten" werden Schüler motiviert, selbst kleinere Texte zu verfassen und dabei auf die Rechtschreibung besonders zu achten.

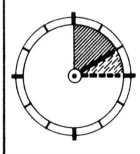

VORBEREITUNG
- Material: Text siehe Übungsbeispiele.
- Schüler : Ab Klasse 3.
- Ort   : Klassenraum.
- Dauer   : 1o bis 15 Minuten.

ÜBUNGSBEISPIEL:

GAHAUMA MUTTAULING EN ELLA SCHÜLAR!
UN WANUGAN TEGAN UST DES SCHILJEHR
ZI ANDA. UHR ARHELTAT DUA ARSAHNTAN
ZAIGNUSSA!

ANDLUCH SUND DUA SOMMARFARUAN DE!
LAGT AURA BÜCHAR IND HAFTA WAG IND
VARGASST ELLAS, WES UHR WÄHRAND DAS
GENZAN JEHRAS GALARNT HEBT! DENN
KÖNNT UHR AIRA LAHRAR EICH UM NAUAN
SCHILJEHR WUADAR ÄRGARN!
SCHÖNA FARUAN!

AIAR SCHILSCHWÄNZAR!

TIERE SUCHEN

In einem ohne Abstand getippten Text aus kleinen Buchstaben verstecken sich verschiedene Tiernamen.

Verbesserung von
- Aufmerksamkeit
- optische Differenzierungsfähigkeit
- Rechtschreibung

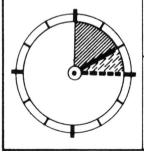

PÄDAGOGISCH-DIDAKTISCHER KOMMENTAR

"Wird auch Zeit, daß Sie mal selbst was tun...!"

Meinen pädagogisch-didaktischen Kommentar mache ich mir jetzt selber.

VORBEREITUNG
- Material: Text mit verschiedenen Tieren oder Blumen o. ä.
- Schüler : Ab Klasse 3.
- Ort   : Klassenraum.
- Dauer   : 1o bis 15 Minuten.

ÜBUNGSBEISPIEL:

Wieviel Tiere findest Du?

adfrtzhbameiseasderhundxcgfdswellensittichfgdfgheledfghvfangdgtz
awecfgbhhuntrztrewdrtfvogelhjzupinguinghtzrrtfdpferdsdfghnilghjk
nilpferdsdfghghghghhhrtedsaebersdfghwildschweinvbgfhirschgftrehb
renftzrtefdvwurmvbfgertgrtzersperberfgrtrtwesdadlersdfgnashornvb
erweiterndergropngfspechtxcsewhennesdretzthahnertrzuiztrheringdf
sdergvbraterwertwühlmausasdsgfhtreibstallrokterwegwewalhjbgrtztr
spinnesdfrrtzujkmnrezugvcxertzkolibrighnervbnachtigallhjzubogenv
erdfyhukizuzebrasterweltdfsreamselhjmnbvourtersdwqasdfrtzuioklon
wanzendesdermalsertendfreihgremauerseglerdessensterfolkligdfsdfg
tigerhaifgrzuinhjmakrelengehaufertzuioschneckenhaubenlerchenedft
extraleitersdfrtzudfvhftrzunhzbandwurmbngrtfretersterzukiunipoio
eseleigelghtzrtdfsdaerfvbhzungtspechtdferewqqasfrquallenstremser
ftznukiolochsevgtztrewsdfgmauleseleigheidechsesdfghtzrudromedarm
ervolgreicgtrewzutijngcvdenmaikäfereibhznmjgnufgerftgtdfshechtmi

WAS IST VERSCHWUNDEN?	PÄDAGOGISCH-DIDAKTISCHER KOMMENTAR
Aus einer Ansammlung von Gegenständen wird verdeckt einer entfernt. Die Schüler sollen aus den übrig gebliebenen Dingen schließen, was fehlt! Verbesserung von - Aufmerksamkeit - Gedächtnis - Reaktionsgeschwindigkeit - Rechtschreibung	Auch hier werden die Wahrnehmungsfelder für Mustererkennung aktiviert, ebenso das Kurzzeitgedächtnis. Die Aufteilung in verschiedene Funktionen läßt praktisch jeden Lerntyp (den zuhörenden, motorisch aktiven, visuellen, reflektierenden usw.) eine Rolle in der Gruppe finden, die ihm Erfolgserlebnis bringt. Er spürt: Jeder ist anders, nicht immer nur besser oder schlechter. Bei kleineren Klassenstufen (Klasse 1 bis 3) sollten zu Anfang maximal 6 verschiedene Gegenstände verwendet werden. Falls Sie das Spiel mit der ganzen Klasse durchführen wollen (mit Aufschreiben der Gegenstände) gibt es die Möglichkeit, auf kleine Folienstücke Gegenstände zu malen, diese über den Overheadprojektor an die Wand zu werfen und nach Abschalten des Projektors einen oder mehrere Gegenstände zu entfernen. Beim Wiedereinschalten werden dann die übriggebliebenen Dinge sichtbar.
	**VORBEREITUNG** - Material: Tuch (Jacke oder ein Mantel reichen auch), Gegenstände (siehe Übungsbeispiele). - Schüler : Ab Klasse 1 - Ort : Klassenraum. - Dauer : 1o bis 15 Minuten.

ÜBUNGSBEISPIELE:

Für diese Übung werden eine Reihe von Dingen benötigt, die in jeder Klasse vorhanden sind.
Zum Beispiel: Ein Bleistift, ein Fahrschein, ein Geldstück, ein Radiergummi, ein Bleistiftspitzer, eine Büroklammer, die Kuppe eines Füllfederhalters u. ä.
Der Lehrer legt diese Gegenstände auf einen Tisch. Zu Anfang steht bzw. sitzt (1. Reihe) die Klasse vor diesem Tisch. Der Lehrer steht hinter dem Tisch.
Jetzt läßt er alle Dinge benennen und sagt den Schülern, daß sie sich diese Dinge genau einprägen sollen. Dann wartet er ca. 1 Minute. Jetzt nimmt er ein Tuch (mindestens 4o cm x 4o cm groß), bedeckt damit die Dinge auf dem Tisch und nimmt unter dem Tuch (unsichtbar für die Schüler) einen Gegenstand weg. Die Schüler sollen jetzt feststellen (aus der Beachtung der auf dem Tisch liegengebliebenen Dinge), welcher Gegenstand fehlt. Wer den Gegenstand zuerst geraten hat, soll ihn aufschreiben. Für jeden richtig notierten Gegenstand gibt es 1 Punkt (Nach dem 1o. Spiel wird verglichen.).
Bei kleineren Gruppen (maximal 6 Schüler) kann auch derjenige, der den fehlenden Gegenstand zuerst entdeckt hat, diesen Gegenstand nennen.

---

1. Variante:
Es werden Gruppen mit maximal 6 Schülern gebildet. In jeder Gruppe wird ein Spielleiter gewählt, der die Dinge unter dem Tuch wegnimmt und die Punkte vergibt.

2. Variante:
Siehe pädagogisch didaktischer Kommentar.

GERÄUSCHE VERRATEN	PÄDAGOGISCH-DIDAKTISCHER KOMMENTAR
Aus dem Aufschlaggeräusch sollen die Schüler erhören, welcher Gegenstand hinfiel! Verbesserung von - Aufmerksamkeit - auditiver Diskriminierungsfähigkeit	Der in der Schule fast ausschließlich verbal (und damit vorwiegend linear) genutzte auditive Eingangskanal wird hier mit den Wahrnehmungsfeldern für Mustererkennung (Klänge) gekoppelt. Durch die Verknüpfung von Klang mit Wort wird auch das Klanggedächtnis in den Lernvorgang einbezogen und ein effektiveres Speichern von Informationen geschult.

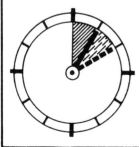

VORBEREITUNG
- Material: Tuch, verschiedene Gegenstände (siehe Übungsbeispiele).
- Schüler : Ab Klasse 1.
- Ort   : Klassenraum.
- Dauer   : 5 bis 1o Minuten.

ÜBUNGSBEISPIELE:

Der Lehrer zeigt den Schülern (jeder sitzt auf seinem Platz) eine Reihe von Dingen, zum Beispiel: einen Holzbleistift, eine Büroklammer, ein Geldstück, ein Stück Kreide, ein Buch, ein Heft, ein Löschblatt u. ä. Jedesmal, nachdem er die Dinge gezeigt hat, läßt er sie auf den Boden fallen. Die Schüler sollen sich den Klang der Gegenstände beim Aufschlagen auf den Fußboden merken. Falls der Klassenraum mit Teppichboden ausgestattet sein sollte, kann der Lehrer die Dinge auf einen umgedrehten Tisch (Platte) auf dem Fußboden fallen lassen.
Nachdem die Schüler alle Klänge gehört haben, läßt der Lehrer verschiedene Gegenstände hinter dem Pult oder einer Decke oder einer Tischplatte so fallen, daß die Schüler die Gegenstände nicht sehen können. Wer herausbekommen hat, um welchen Gegenstand es sich handelt, zeigt auf und sagt den Namen (bei kleineren Schülern). Ältere (ab Klasse 3) schreiben die Gegenstände auf (der Lehrer auch) und es wird nach ca. 10 Gegenständen verglichen.
Für jede richtige Lösung gibt es einen Punkt.

So ein Stein braucht Jhnen ja nicht gerade vom Herzen zu fallen...!

SCHÜLER BESCHREIBEN	PÄDAGOGISCH-DIDAKTISCHER KOMMENTAR
Ein nicht im Klassenraum anwesender Schüler soll beschrieben werden. Verbesserung von - Aufmerksamkeit - Gedächtnis - optischem Differenzierungsvermögen - Begriffsbildung	Durch die Übung, von einer komplizierten "Sache" eine bildhafte Vorstellung aufzubauen, lernt man sein visuelles Gedächtnis besser nutzen. Sonst nur mühsam gespeicherte Einzelinformationen lassen sich von einem solchen Bildmuster sozusagen ablesen (fotografisches Gedächtnis). Es ist besonders gut, diese Fähigkeit anhand lebender Personen zu üben, wo ein solches Gesamtmuster über das rein bildhafte hinausgeht, bis in die Haltung, die Bewegung, die Angewohnheiten und die emotionelle Ausstrahlung hinein.

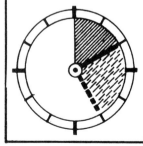

VORBEREITUNG
- Material: Tafel, Kreide, Hefte, Stifte.
- Schüler : Ab Klasse 1 bis Klasse 1o.
- Ort   : Klassenraum.
- Dauer   : 1o bis 25 Minuten.

ÜBUNGSBEISPIELE:

Ein Schüler oder eine Schülerin werden vor die Klasse auf den Gang geschickt.
Die Schüler in der Klasse sollen jetzt in Abwesenheit dieses Schülers dessen Aussehen beschreiben.
Dazu wird an die Tafel geschrieben: Haarfarbe, -länge, -frisur, Augenfarbe, Gesichtsform, Größe, Figur, Kleidung.

Gemeinsam wird jetzt in einem Unterrichtsgespräch das Aussehen des abwesenden Schülers stichpunktartig an der Tafel festgehalten. Anschließend wird der Schüler hereingebeten und sein Aussehen mit der Beschreibung an der Tafel verglichen.

Nachdem die Schüler das Spiel verstanden haben, werden mehrere Gruppen gebildet.
Jeweils 1 Schüler der Gruppe schreibt das Tafelschema in sein Heft.
Wieder wird ein Schüler nach draußen geschickt.

Die Gruppen sollen jetzt zusammen sein Aussehen erarbeiten. Für jedes richtige Beschreibungsdetail wird 1 Punkt vergeben. Die Gruppe mit den meisten Punkten ist Sieger und stellt den nächsten zu beschreibenden Schüler.

Variante:
Drei Schüler gehen nach draußen. Sie sollen durch Vertauschen von Kleidungsstücken und Verändern der Frisuren ihr Aussehen ändern. Nachdem sie wieder in der Klasse sind, sollen die Gruppen feststellen, was die Drei an Ihrem Aussehen geändert haben.

NACHAHMEN

Die Schüler sollen nach verbalen Anweisungen des Lehrers ganz bestimmte Haltungen einnehmen!

Verbesserung von
- Aufmerksamkeit
- Reaktionsgeschwindigkeit
- Aufgabenverständnis

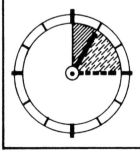

PÄDAGOGISCH-DIDAKTISCHER KOMMENTAR

Durch gerichtete Aufmerksamkeit übt man, die störende Interferenz zwischen verschiedenen Wahrnehmungsfeldern (verbal, optisch, haptisch usw.) zu vermeiden. Das willentliche Ausrichten der Aufmerksamkeit selbst ist ebenfalls eine wichtige Denk- und Lernübung im Sinne der Vermittlung von Fähigkeiten (statt immer nur von Wissensstoff!). Besonders in Klassen, in denen die Schüler nur sehr schlecht auf verbale Aufförderungen reagieren, erfüllt diese Übung ihren Zweck.

VORBEREITUNG
- Material:
- Schüler : Ab Klasse 1 bis Klasse 1o.
- Ort   : Klassenraum/Schulhof.
- Dauer   : 5 bis 15 Minuten.

ÜBUNGSBEISPIELE:

Die Schüler stehen in einem Kreis oder Halbkreis um den Lehrer.
Der Lehrer gibt verbale Anweisungen, die die Schüler ausführen sollen - zum Beispiel:
"Fasse mit Deiner rechten Hand Dein linkes Ohrläppchen an."
Die Schüler müssen so genau auf das achten, was der Lehrer sagt und die Anweisungen exakt ausführen.
Die Schüler, die einen Fehler gemacht haben, werden Schiedsrichter und stellen sich neben den Lehrer.
Findet einer der "Schiedsrichter" einen Schüler, der einen Fehler gemacht hat, so kann der "Schiedsrichter" wieder mitspielen und der andere Schüler wird Schiedsrichter.

---

1. Variante:
Der Lehrer macht andere Haltungen vor als die, die er den Schülern sagt.

2. Variante:
Die Anweisungen richten sich jedesmal nur an eine bestimmte Schülergruppe, z. B.: alle Jungen, alle Schüler mit braunen Schuhen..., usw.

DEN DIRIGENTEN SUCHEN

Ein Schüler soll aus einer Gruppe von Schülern den herausfinden, der den anderen Gruppenmitgliedern vormacht, welche Bewegungen diese nachvollziehen sollen.

Verbesserung von
- Aufmerksamkeit
- Reaktionsgeschwindigkeit

PÄDAGOGISCH-DIDAKTISCHER KOMMENTAR

Nicht nur der Schüler, der in der Mitte steht, wird bei diesem Spiel gefördert. Alle anderen Schüler, die ja möglichst schnell die Bewegungen des Dirigenten nachvollziehen müssen, lernen so, schnell visuelle Reize zu erfassen und - ohne sie über verbale und andere Denkfunktionen zu interpretieren - direkt in ihre eigene motorische Tätigkeit umzusetzen. Die Anforderung an den Schüler, möglichst schnell in die richtige Bewegung einzufallen, schult das rasche Erkennen eines Prinzips, also auch hier wieder die Mustererkennung und das "laterale" Denken. Das besondere dieser Übung ist dabei, bereits möglichst wenige Anhaltspunkte intuitiv zu dem richtigen Gesamtbild zu ergänzen (gewissermaßen durch innere Resonanz mit entsprechenden Assoziationsfeldern).

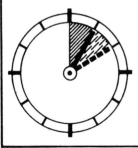

VORBEREITUNG
- Material:
- Schüler : Ab Klasse 1 bis Klasse 5.
- Ort   : Klassenraum.
- Dauer   : 5 bis 1o Minuten.

ÜBUNGSBEISPIELE:

Die Schüler stehen im Kreis. Sie sollen ein Orchester darstellen. Ein Schüler wird vor die Klassentür geschickt.
Während der Schüler draußen ist, wählen die anderen Schüler aus ihrem Kreis einen Dirigenten. Der Dirigent bleibt wie alle anderen Schüler im Kreis stehen. Er macht seinen Mitschülern lediglich durch Gesten vor, welches Instrument sie jeweils darstellen sollen, zum Beispiel: trommeln, flöten, geigen, Gitarre spielen, Querflöte spielen usw. Sobald alle Mitschüler das richtige Instrument spielen, wechselt er zum nächsten.
Der Schüler, der draußen war, stellt sich jetzt in den Kreis hinein und versucht herauszufinden, welcher Schüler den Dirigenten spielt. Hat er ihn entdeckt, dann geht der Dirigent aus der Klasse und ein anderer Schüler wird in seiner Abwesenheit zum Dirigenten gewählt.

LESEN UND WETTEN

Es soll vorhergesagt werden, wieviele Zeilen ein Schüler fehlerlos lesen kann.

Vermeiden von
- Flüchtigkeitsfehlern beim Lesen.

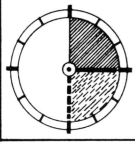

PÄDAGOGISCH-DIDAKTISCHER KOMMENTAR

Der Abbau von Flüchtigkeitsfehlern beim Lesen führt gerade bei Leseanfängern oft zu Aversionen gegen den Lehrer, der dauernd unterbricht und verbessert oder gegen das Lesen insgesamt.
Bei diesem Spiel erfährt der Schüler den Wert der richtigen Selbsteinschätzung. Nicht der Fehler beim Lesen und damit die Leistung während des Lernvorgangs selbst ist hier wichtig, sondern der Fehler in der Vorhersage dieser Leistung. Dies hilft die Rolle des Fehlers beim Lernen (der im Grunde garnichts Negatives, sondern eine Orientierungshilfe sein sollte) zu relativieren und Unbefangenheit, aber auch Interesse gegenüber dem ja immer von Fehlern begleitenden Lernvorgang zu erhöhen.

VORBEREITUNG
- Material: Tafel, Kreide, Lesebücher.
- Schüler : Ab Klasse 2 bis Klasse 6.
- Ort   : Klassenraum.
- Dauer   : 15 bis 3o Minuten.

ÜBUNGSBEISPIELE:

Die Schüler sitzen auf ihren Plätzen und haben die Lesebücher vor sich liegen.
Die Namen aller Schüler werden so auf die Tafel geschrieben, daß hinter jedem Namen noch vier Zahlen eingetragen werden können.

Jetzt wird jeder Schüler gefragt, wieviele Zeilen (bei Leseanfängern Wörter) er völlig fehlerfrei wohl lesen könne. Diese Zahl wird hinter seinem Namen an der Tafel notiert.
Nachdem alle Schüler ihre Zahlen angegeben haben, beginnt der erste Schüler mit dem Lesen.
Hat er zum Beispiel gesagt, daß er drei Zeilen fehlerfrei (ohne Vertauschen von Buchstaben, Vergessen von Endungen usw.) lesen kann, und schafft er diese, so bekommt er 3 + 3 = 6 Punkte; schafft er vier Zeilen, so bekommt er 3 + 4 = 7 Punkte, die hinter seinem Namen an der Tafel notiert werden.
Hat er aber 3 gesagt und nur 2 Zeilen oder Wörter wirklich fehlerfrei gelesen, so bekommt er 3 - 2 = 1 Punkt.
Die Mitschüler müssen genau aufpassen und mitlesen und sich sofort melden, wenn ein Fehler aufgetreten ist.

DER KREIDEPFAD

Ein mit Kreide auf den Fußboden gezeichneter "Weg" soll schnell durchlaufen werden.

Verbesserung von
- motorischer Geschicklichkeit
- Aufmerksamkeit

PÄDAGOGISCH-DIDAKTISCHER KOMMENTAR

Besonders in der Variante, in der zwei Schüler ein Team bilden, wird das sonst so verpönte gegenseitige Helfen und "Vorsagen" ins Positive gekehrt. (Übrigens ist die übliche schulische Erziehung zum "Einzelkämpfer" für den Menschen, der in seiner ganzen genetischen Veranlagung nur als Gruppenwesen überlebensfähig ist, ein zutiefst lebensfeindlicher Vorgang). Auch hier fördert die Verknüpfung von verbalen mit motorischen Gehirnvorgängen und entsprechender Rückmeldung ein realitätsbezogenes (und nicht nur begriffsbezogenes) Lernen.

VORBEREITUNG
- Material: Kreide, Stoppuhr oder Armbanduhr mit großem Sekundenzeiger.
- Schüler : Ab Klasse 1 bis Klasse 1o (Je nach Altersstufe sollte die Pfadbreite variiert werden.)
- Ort   : Klassenraum, Schulhof.
- Dauer   : 1o bis 2o Minuten.

ÜBUNGSBEISPIELE:

Mit zwei Kreidestücken, die an einem Lineal im Abstand von anfangs 2o cm festgehalten werden, wird ein Weg durch die Klasse auf den Boden gezeichnet.
Dieser Weg sollte verschlungen sein und einige Hindernisse (Taschen, Stühle usw.) aufweisen.
Die Schüler sollen jetzt einzeln so schnell wie möglich und ohne überzutreten den Pfad durchlaufen. Für jedes Übertreten werden 1o Sekunden zu der Wegezeit dazugerechnet.
Entlang des Kreidepfades stehen die anderen Schüler und passen jeder in einem kleinen Bereich auf, ob auch kein "Übertritt" geschehen ist. Die Durchgangszeiten werden an der Tafel notiert und so der Erste, Zweite und Dritte ermittelt.

Variante:
Jeweils 2 Schüler bilden eine Mannschaft.
Einer bekommt die Augen verbunden. Der andere Schüler muß ihn an der Hand und mit Worten durch den Pfad führen.

DER ROTIERENDE TOPFDECKEL

Ein rotierender Topfdeckel soll festgehalten werden!

Verbesserung von
- Reaktions-
  geschwindigkeit

PÄDAGOGISCH-DIDAKTISCHER KOMMENTAR

Die meist mit dem Aufrufen des Namens verbundene Angst wird abgebaut, da der Aufgerufene in jedem Fall sofort reagieren, d. h. "antworten" kann. Verbal sonst langsame Schüler mögen hier besonders schnell sein und umgekehrt. Verständnis und Anerkennung der unterschiedlichen (nicht "schlechteren" oder "besseren"!) Lerntypen werden gefördert.

Mein neues Reaktionsgeschwindigkeitsmeßgerät: Sensationell!! Es zeigt exakt die DGE an: die bisher noch unerforschte Deutsche Gemüts-Einheit!!!

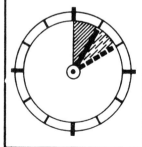

VORBEREITUNG
- Material: Topfdeckel oder Untertasse.
- Schüler : Ab Klasse 1 bis Klasse 8.
- Ort   : Klassenraum.
- Dauer   : 5 bis 1o Minuten.

ÜBUNGSBEISPIELE:

Die Schüler sitzen im Kreis auf Stühlen.
In der Mitte auf dem Fußboden dreht ein Schüler einen Topfdeckel auf der Kante.
Sobald der Deckel sich dreht, ruft er den Namen eines Mitschülers auf.
Dieser muß jetzt schnell von seinem Platz aufspringen und versuchen, den Deckel zu fassen,
bevor er platt auf dem Boden liegt.
Gelingt ihm das, darf er den Deckel das nächste Mal drehen und weiter mitspielen.
Kann er den Deckel nicht rechtzeitig fassen, so darf er ihn zwar drehen und einen
anderen Schüler aufrufen, aber er muß sich dann hinter den Kreis stellen.

DER HEXENMEISTER

Dort wo der Hexenmeister ihn berührt hat, muß der Schüler die Hand hinlegen und dem Hexenmeister folgen!

Verbesserung von
- Aufmerksamkeit
- moritischer Koordinationsfähigkeit

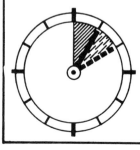

PÄDAGOGISCH-DIDAKTISCHER KOMMENTAR

Visuelle und haptische Information (Tastsinn) werden mit motorischen Gehirnregionen gekoppelt. Sonst nur flüchtig und unbewußt Registriertes wird ins Bewußtsein gehoben und entsprechende Gehirnpartien lernfähig gemacht. Der Spaß an komischen Verrenkungen und Bewegungen baut spontan Streß und Spannungen ab.

VORBEREITUNG
- Material: -
- Schüler : Ab Klasse 1 bis Klasse 5.
- Ort   : Klassenraum/Schulhof.
- Dauer   : 5 bis 1o Minuten.

ÜBUNGSBEISPIELE:

Ein Schüler spielt den Hexenmeister. Er bekommt den Zeigestock als Zauberstab. Der Hexenmeister geht jetzt zu einem anderen Schüler und berührt ihn mit dem Zauberstab zum Beispiel am Kopf. Der so "verhexte" Schüler muß jetzt eine Hand auf die Stelle auf seinem Kopf legen, an der ihn der Hexenmeister berührt hat. Wenn der Hexenmeister jetzt zu einem anderen Schüler geht, so muß ihm der "verzauberte" Schüler folgen. So werden nach und nach alle Schüler verhext und müssen dem Hexenmeister folgen, indem sie die Stelle an ihrem Körper mit einer Hand bedecken, die von dem Zauberstab berührt wurde.
Wenn alle Schüler verzaubert worden sind, wird ein neuer Hexenmeister ausgewählt.

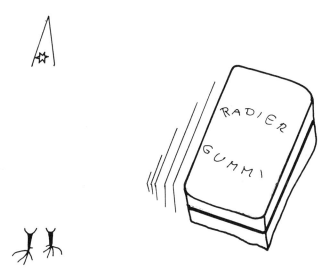

TRAINING VON AUF-GABENVERSTÄNDNIS	PÄDAGOGISCH-DIDAKTISCHER KOMMENTAR

Exakt formulierte Arbeitsanweisungen sollen genau befolgt werden!

Verbesserung von
- Aufgabenverständnis
- Aufmerksamkeit

Durch trickreiche "Gebrauchsanweisungen" wird das Verständnis von Aufgaben und Arbeitsanweisungen trainiert. Die Übung verknüpft verschiedene Gehirnbereiche bei der Wahrnehmung (motorisch, haptisch, auditiv, viduell) mit Zentren für Entscheidungsprozesse, Vergleiche, Bewertungen (Priorität) und Selbstprüfung und mit Gefühlsbereichen wie Erfolg, Überraschung, Bedauern (Versäumnis). Die erst spätere Erkenntnis eines Mißerfolges wandelt sich in Komik um. Das Interesse am eigenen Verarbeitungsmechanismus am "sich-selbst-kennenlernen", sollte in der anschließenden Diskussion noch einmal geweckt werden.

Besonderer Wert sollte darauf gelegt werden, daß Arbeitsanweisungen vor der Durchführung immer erst vollständig durchgelesen werden.

VORBEREITUNG
- Material: Arbeitsblätter, Stifte.
- Schüler : Ab Klasse 3 bis Klasse 1o.
- Ort   : Klassenraum.
- Dauer   : 3 bis 5 Minuten.

ÜBUNGSBEISPIELE:

Vorschlag für ein Arbeitsblatt zum Training von Aufgabenverständnis.

Dies ist ein durch Zeit begrenzter Test. Du hast nur 3 Minuten Zeit!

1. Lies alles, bevor Du etwas tust.
2. Schreibe schnell Deinen Namen in die obere rechte Ecke des Blattes.
3. Kreise im vorigen Satz das Wort "schnell" ein.
4. Zeichne 5 kleine Vierecke in die obere linke Ecke dieses Blattes.
5. Zeichne ein "x" in jedes der Vierecke.
6. Unterschreibe dieses Blatt rechts unten nur mit Deinem Nachnamen.
7. Vor Deine Unterschrift schreibe "Ja, Ja, Ja".
8. Sprich laut und deutlich Deinen Namen.
9. Kreise jede auf diesem Blatt erkennbare "3" ein.
10. Schreibe ein "x" in die untere linke Ecke dieses Blattes.
11. Zeichne einen Kreis um das soeben geschriebene "x".
12. Sage so laut, daß Dich jeder verstehen kann: "Ich bin nahezu fertig, ich habe alle Anweisungen befolgt."
13. Und nun, da Du alles sorgfältig durchgelesen hast, tue nur das, was in der Anweisung 2 steht.

BILDER AUFRASTERN

Durch das genaue Übertragen von Strichen in ein Raster entsteht ein Bild!

Verbesserung von
- Aufmerksamkeit
- Erfassen geometrischer Strukturen

PÄDAGOGISCH-DIDAKTISCHER KOMMENTAR

Das Entwickeln von Bildern innerhalb eines Rasters - bei älteren Schülern und mit zunehmendem Schwierigkeitsgrad können auch die kleinen Karos der Rechenhefte genommen werden - erfordert von den Schülern ein hohes Maß an Konzentration. Deshalb sollten Übungen dieser Art systematisch aufgebaut (2 mal in der Woche) beginnend mit wenigen Feldern (siehe Beispiel) und mit langsam wachsendem Schwierigkeitsgrad über eine längere Zeit (mindestens 1/2 Jahr) durchgeführt werden.

Die Verknüpfung von visueller Mustererkennung, Motorik und Erfolgserlebnis weckt auch hier das Interesse an den eigenen Gehirnvorgängen. In der Übung sollten außer Konturen auch andere "Bauelemente" eingesetzt werden. Auch das Ergebnis einer Synthese willkürlicher Verteilungen regt zum Erfahrungsaustausch über die (und zum Interesse an den) analytischen und synthetischen Vorgängen an.

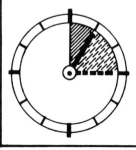

VORBEREITUNG

- Material: Rechenhefte, Stifte.
- Schüler : Ab Klasse 2 bis Klasse 8.
- Ort : Klassenraum.
- Dauer : 5 bis 15 Minuten.

ÜBUNGSBEISPIELE:

Auf dem karierten Teil der Tafel wird ein Raster nach dem Muster von unten aufgezeichnet.
Die Schüler sollen dieses Raster auf eine Seite im Rechenheft malen.
Die Buchstaben und Zahlen am Rande des Rasters bezeichnen jeweils die Lage der einzelnen Felder.
Zeichnet man jetzt in die Felder die Striche genau so ein, wie unten aufgezeigt, so entsteht
ein Bild. Vielleicht haben Sie Lust, es einmal auszuprobieren?

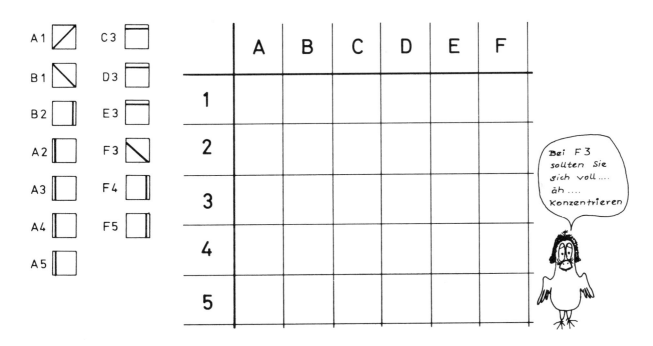

WORTE AUFRASTERN

Durch das genaue Übertragen von Linien in ein Raster entstehen Wörter!

Verbesserung von
- Aufmerksamkeit

PÄDAGOGISCH-DIDAKTISCHER KOMMENTAR

Abgesehen von der Schulung der Kombinationsfähigkeit läßt sich bei solchen Übungen auch der so nützliche Gebrauch einer Matrix erfahren. Matrizen dienen ja zur Darstellung sonst schwierig zu beschreibender mehrdimensionaler Vorgänge. Das Erfolgs- und Überraschungserlebnis, daß bei einer Kombination bekannter Elemente trotzdem etwas völlig Neues herauskommt (das Ganze ist mehr als die Summe seiner Teile), wirkt auch für andere gestaltende und kombinatorische Vorgänge kreativ anregend.

Na, na... wer wird denn schon aufgeben....!

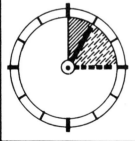

VORBEREITUNG
- Material: Rechenhefte, Bleistifte.
- Schüler : Ab Klasse 2 bis Klasse 8.
- Ort   : Klassenraum.
- Dauer   : 5 bis 15 Minuten.

ÜBUNGSBEISPIELE:

Auf die Tafel wird ein Raster gemalt (siehe Beispiel unten). In die Außenfelder trägt der Lehrer
Striche ein. Die Schüler sollen jetzt in ihre Hefte das Raster und die Striche übertragen.
In die mittleren Kästchen werden die Striche eingetragen, die jeweils in den senkrecht darüber bzw.
waagerecht daneben stehenden Außenkästchen abgebildet sind. Dadurch entsteht in irgendeiner Zeile
ein Wort.
Vielleicht probieren Sie es einmal in dem unten abgebildeten Beispiel aus?

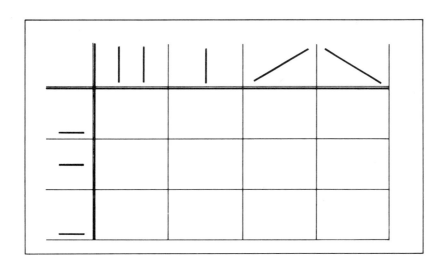

SCHATZSUCHE	PÄDAGOGISCH-DIDAKTISCHER KOMMENTAR
Durch die Lösung verschiedener Aufgaben finden die Schüler etwas!	Jede Anbindung eines Lernvorgangs an die Realität bietet grundsätzlich eine unbemerkte - weil auch im außerschulischen Tageslauf stattfindende - Hilfe bei der Verankerung, der "Konsolidierung" des Gelernten. Hier werden beim sonst oft nur begrifflich vollzogenen Problemlösen praktisch alle Gehirnfunktionen beteiligt. Da dies mit Spaß und greifbarem Erfolg verbunden ist, mag eine solche Übung dazu motivieren, sich auch dann, wenn eine Problemlösung theoretisch vollzogen wird, mit weit mehr Gehirnpartien als bisher (und dadurch mit mehr Aussicht auf Erfolg) daran zu beteiligen. So stellt dieses Spiel eigentlich die Kombination verschiedener anderer Spiele dar (Geheimschriften entziffern, Gegenstände suchen, Arbeitsanweisungen genau befolgen usw.) und dadurch, daß der Spielerfolg darin besteht, etwas "Reales" zu finden, werden die Einzelspiele aufgewertet und neu gewichtet.

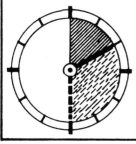

VORBEREITUNG
- Material: Siehe Übungsbeispiel.
- Schüler : Ab Klasse 2.
- Ort   : Klassenraum.
- Dauer   : 1o bis 3o Minuten.

ÜBUNGSBEISPIELE:

Bei der "Schatzsuche" wird die Klasse in Gruppen aufgeteilt (Gruppengröße 3 bis 6 Schüler). Für jede Gruppe wird ein Päckchen gepackt mit einer kleinen Belohnung für jedes Gruppenmitglied. In der Pause oder vor Unterrichtsbeginn versteckt der Lehrer diese Päckchen.
Die Gruppen sollen jetzt ihren "Schatz" finden, indem sie eine Reihe von Aufmerksamkeitsübungen richtig befolgen.
Eine Gruppe bekommt beispielsweise in einem Text versteckt (wie "Tiere suchen") die Aufgabe: "Geht an das Pult, öffnet die dritte Schublade von oben und lest in dem Briefumschlag, was ihr weiter tun sollt."
In dem Briefumschlag ist eine Arbeitsanweisung (wie "Zahlenbilder") enthalten. Darauf steht zum Beispiel in Normaltext: "Sucht unter der ..." und in Zahlen "große Buchstaben, Tafel".
Dort findet sich ein Briefumschlag, in dem steht: "Holt euch erst (vom Pult) folgende Gegenstände: 3 Lineale, 3 rechte Winkel, 1 Stück Kreide. Unter dem dritten Fenster ist ein Kreidekreuz, zeichnet von diesem Kreidekreuz 6o cm senkrecht zum Fenster eine Linie mit Kreide in die Klasse. Dort geht ihr rechtwinkelig 3o cm nach links ... usw.".
Auf diese Art etwa können die Schüler "zum Schatz" geführt werden.

Variante:
Zwei Parallelklassen bereiten gruppenweise das Spiel vor und suchen dann in der jeweils anderen Klasse.

ZAHLENBILDER	PÄDAGOGISCH-DIDAKTISCHER KOMMENTAR
Durch das Verbinden von Zahlen entstehen Bilder. Verbesserung von - Aufmerksamkeit - Zahlenverständnis	Durch die Verbindung fortlaufender Zahlen mit bestimmten Bildpartien (was weit interessanter ist, als lediglich ihre Vorstellung auf einer Zahlengeraden) werden sie auch mit visuellen, emotionellen, motorischen und anderen Wahrnehmungsfeldern assoziiert, d. h. mit mehr Leben erfüllt. Diese Verbindung des abstrakten Inhalts "Zahl" mit einer konkreten "Verpackung" (bildhafte Umwelt) wandelt die verbreitete Abneigung gegen Zahlen (und später vielleicht Mathematik) in etwas mehr Vertrautheit um. Besonders bei Schulanfängern erfüllt dieses Spiel eine mehrfache pädagogische Zielsetzung. Es fördert neben der Zahlenkenntnis besonders das Verständnis für die Reihenfolge und Größe der Zahlen. Durch das Verbinden der einzelnen Zahlen mit Strichen wird die Feinmotorik verbessert. Für Schüler, die schon fertig sein sollten, während andere noch an dem Zahlenbild arbeiten, bietet sich als Zusatzaufgabe an: "Male das fertige Zahlenbild bunt."
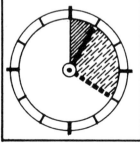	**VORBEREITUNG** - Material: Matrize, Bleistift, (Buntstifte). - Schüler : Ab Klasse 1 bis Klasse 4. - Ort : Klassenraum. - Dauer : 5 bis 20 Minuten.

ÜBUNGSBEISPIEL:

Dieses Spiel werden Sie sicher kennen. Auf einem Blatt stehen lauter Zahlen. Verbindet man diese Zahlen der Reihe nach, so entsteht ein Bild. Derartige Zahlenbilder sind auch von Ihnen sehr leicht und in kurzer Zeit herzustellen.

Sie nehmen eine großflächige Bleistiftzeichnung, legen eine Matrize darunter und setzen die Zahl in die Zeichnung ein. Verabreden Sie mit den Schülern, daß immer dort, wo ein Punkt hinter einer Zahl steht, eine Unterbrechung ist und erst wieder ab der nächst folgenden Zahl weiter gemalt wird, so können Sie praktisch jedes Bild in ein Zahlenbild verwandeln. Selbst gedruckte Texte sind so in ein Zahlenrätsel zu transformieren.

Vielleicht probieren Sie es unten mal aus?

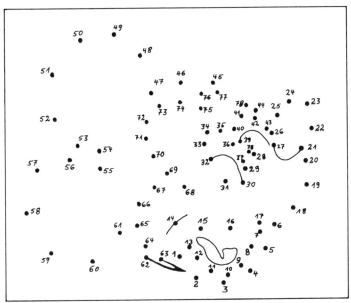

| ORIGINAL UND KOPIE | PÄDAGOGISCH-DIDAKTISCHER KOMMENTAR |

ORIGINAL UND KOPIE

In zwei fast gleichen Bildern sind die Unterschiede zu suchen!

Verbesserung von
- Aufmerksamkeit
- optischer Differenzierungsfähigkeit

PÄDAGOGISCH-DIDAKTISCHER KOMMENTAR

Fehler in zwei fast gleichen Bildern zu suchen, macht Kindern aller Altersstufen sehr viel Spaß.
Der Schüler erfährt bald, daß ein momentanes Erfassen einer ganzen Bildpartie und der rasch wiederholte Vergleich mit ihrem Gegenstück (Mustererkennung) weit eher zum Ziel führt, als ein lineares Abtasten, bei dem man viele Details - ob wichtig oder nicht - behalten muß.
Man lernt so unterschiedliche Gehirntätigkeiten kennen und dem jeweiligen Zweck entsprechend einsetzen.

Lösen Sie mal nebenstehende Aufgabe. Sieben Fehler sind zu finden.

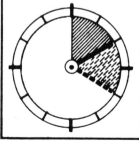

VORBEREITUNG
- Material: Matrize, Abzugspapier, Bleistifte (Buntstifte).
- Schüler : Ab Klasse 1 bis 1o.
- Ort   : Klassenraum.
- Dauer   : 1o bis 2o Minuten.

ÜBUNGSBEISPIEL:

Die Grundidee dieses Spiels ist sehr bekannt. Zwei fast gleiche Bilder unterscheiden sich nur in Kleinigkeiten voneinander. Derartige Bilder können Sie - wenn Sie an Ihrer Schule ein Vervielfältigungsgerät zur Verfügung haben - sehr leicht selbst herstellen.

Sie zeichnen - oder pausen - auf eine Matrize ein Bild. Das Farbblatt zu der Matrize heben Sie auf. Jetzt ziehen Sie die gewünschte Anzahl von Kopien ab, spannen die Matrize aus, legen sie wieder auf das Farbblatt, malen die "Fehler" hinein und ziehen erneut die Kopien ab. Je nach Stärke der Matrize müssen Sie eventuell beim Hineinzeichnen der "Fehler" etwas schwächer aufdrücken.

SCHIFFE VERSENKEN

In einem Rasterfeld sind "Schiffe" versteckt, die aufgespürt werden sollen!

Verbesserung von
- Aufmerksamkeit

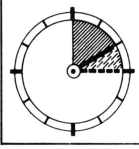

PÄDAGOGISCH-DIDAKTISCHER KOMMENTAR

Wenn Sie dieses Spiel als Schüler selbst gespielt haben, dann wird Ihnen sicher einfallen, daß es meist dazu diente, langweilige Unterrichtsstunden zu überbrücken.
Soll man als Lehrer so ein "Unterrichtsablenkungsspiel" den Schülern auch noch erklären, damit sie sich möglicherweise damit aus einem anderen Unterricht "ausblenden" können?
Wir meinen ja!
Sinnvoll eingesetzt ist der pädagogische Wert dieser Übung unbestritten.
Es fördert die gedankliche Konstruktion von Mustern (Gesamtlage der "feindlichen" Flotte) und ihre visuelle Vorstellung und zeigt gleichzeitig, wie wichtig es ist, seine Vorstellungen zunächst als "Hypothese" aufzufassen, d. h. sie jeweils durch neue Daten zu korrigieren (geistige Beweglichkeit).
Die Schüler sollen angeregt werden, die "Denkweise" der beim Spiel besonders Erfolgreichen zu diskutieren und zu analysieren.

VORBEREITUNG

- Material: Rechenhefte, Bleistifte.
- Schüler : Ab Klasse 2 bis Klasse 1o.
- Ort   : Klassenraum.
- Dauer   : 1o bis 15 Minuten (je nach Größe des Spielfeldes).

ÜBUNGSBEISPIELE:

Dieses Spiel ist Ihnen möglicherweise noch aus Ihrer eigenen Schulzeit bekannt.
Je zwei Schüler malen in ihre Rechenhefte zwei Raster. In der Waagerechten mit A bis J und in der Senkrechten ist 1 bis 1o gekennzeichnet. In eines der beiden Raster zeichnet jeder Schüler - so, daß sein "Gegner" es nicht sehen kann - seine "Flotte" ein.
Umrahmt er innerhalb seines Spielfeldes ein Kästchen, so hat er ein "U-Boot", zwei Kästchen sind ein "Zerstörer" und drei Kästchen stellen einen "Kreuzer" dar.
Vor Spielbeginn wird ausgemacht, wie viele "Boote" jeder einträgt. "Geschossen" wird, indem eine Koordinatenkombination genannt wird, zum Beispiel A 1 bedeutet das erste Kästchen oben links. Die "Schüsse" des "Gegners" werden durch Kreuze oder Punkte in dem Raster vermerkt, in dem die eigenen Schiffe liegen. Um mehrfache "Schüsse" auf dasselbe Feld zu vermeiden, werden die eigenen "Schüsse" in dem zweiten Raster vermerkt. Bei einem "Treffer" muß der Gegner melden, was getroffen wurde. Sieger ist, wer zuerst alle Schiffe des anderen Spielers "versenkt" hat. Nach jedem "Schuß" ist der Gegner wieder an der Reihe.

| ZEICHEN ORDNEN | PÄDAGOGISCH-DIDAKTISCHER KOMMENTAR |

Buchstaben und Zahlen werden nach bestimmten Kriterien geordnet, um die Beobachtung bei der Rechtsschreibung zu schulen.

- bessere Konzentration
- genauere Unterscheidung von Zeichen beim Lesen und Schreiben

Lehrer und Schüler leiden gleichermaßen unter den Flüchtigkeitsfehlern, die Schüler beim Schreiben machen. Deshalb sollen sich solche Schüler intensiv unter wechselnden Gesichtspunkten mit Buchstaben und Zahlen befassen, um ein anderes Verhältnis dazu zu gewinnen.

Auch hier läuft der Erfolg, d. h. die bessere Informationsverankerung, über eine Verknüpfung rein geometrischer Formen mit mehreren Wahrnehmungsfeldern (akustisch, verbal, bildhafte Analogien).

 Der Erfolg stellt sich langsam ein, etwa nach einem Jahr, wenn pro Woche 3 Übungen gemacht werden.

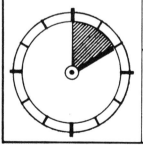

VORBEREITUNG

- Material: Tafel oder Papier.
- Schüler : einzeln; bis Klasse 5.
- Ort   : Klassenraum.
- Dauer   : 1o Minuten.

ÜBUNGSBEISPIELE:

Bitte schreiben Sie für die Schüler gut lesbar entweder die kleinen oder Großbuchstaben von A bis Z oder die Ziffern von o bis 9 an die Tafel.
Bitten Sie nun die Schüler beispielsweise bei den Kleinbuchstaben von a bis z diese nach einem bestimmten Kriterium zu ordnen, zum Beispiel nur die herauszuschreiben, die Oberlängen haben oder nur die herauszuschreiben, die Unterlängen haben, oder nur die herauszuschreiben, die eine Fläche fest umschließen wie zum Beispiel das O oder das B usw.
Diese Buchstaben und Zahlen brauchen nicht nur nach geometrischen, sondern können auch nach inhaltlichen Gesichtspunkten geordnet werden, beispielsweise Zahlen, die durch 2 teilbar sind oder Buchstaben, in denen ein a mitklingt (a, h, k usw.).
Wenn dieses Spiel den Schülern Spaß macht, so lassen Sie es in Zweiergruppen spielen, d. h. der Schüler A gibt dem Schüler B vor, nach welchen Gesichtspunkten er etwas ordnen soll.

Hier noch einige Beispiele:

1. Beispiel: Buchstaben die nur Oberlängen haben:
b, d, h, k usw.
oder nur mit Unterlängen:
g, j, p usw.

2. Beispiel: Zahlen mit Rundungen:
2, 3, 5, 6 usw.

3. Beispiel: Buchstaben, bei denen beim Aussprechen ein e mitklingt:
b, c, d, e, g usw.

AUGENTRAINING

Zick-Zack-Linien und Schlangenlinien werden mit den Augen verfolgt.

- weniger Ermüden beim Lesen

PÄDAGOGISCH-DIDAKTISCHER KOMMENTAR

Diese Übung zur Mustererkennung und Musterselektion (Filterung) zielt auf eine speziellere Schulung der Zusammenarbeit wichtiger Neuronenfelder des visuellen Bereichs. Je besser diese Zusammenarbeit funktioniert, umso eher wird dieser Bereich auch internen Lern- und Erinnerungsvorgängen optimal dienen können.
Im übrigen helfen solche Übungen, Texte entspannter zu lesen.
Das Absinken der Konzentration wird gebremst, die Ermüdung verringert.

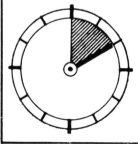

VORBEREITUNG
- Material: Tafel oder Papier.
- Schüler : einzeln; von Klasse 1 bis Klasse 1o.
- Ort   : Klassenraum.
- Dauer   : 1o Minuten.

ÜBUNGSBEISPIELE:

Das Grundprinzip dieses Spiels ist, daß Sie den Schüler Zick-Zack-Linien, Schlangenlinien, verschlängelte Wege oder auch den Weg durch einen Irrgarten nur mit den Augen finden lassen. Eine solche Übung kann von Ihnen an die Tafel gezeichnet werden oder auch auf vervielfältigten Blättern, die den Schülern vorgelegt werden.

Besonders Spaß macht es, wenn Sie einen Wettbewerb in der Form gestalten, daß eine bestimmte Zeit vorgegeben ist, und die Schüler versuchen, in dieser Zeit so oft wie möglich die Zick-Zack-Linie mit den Augen zu verfolgen.
Oder aber Sie geben eine bestimmte Zeit vor, innerhalb derer so viele Lösungen wie möglich zu den Schlangenlinien (Beispiel 2) gefunden werden müssen.
Auch können Schüler selber solche Übungen aufbauen und dem Banknachbar zum Spiel vorlegen.
Alle Übungen sollen sowohl vorwärts als auch rückwärts gemacht werden.

1. Beispiel

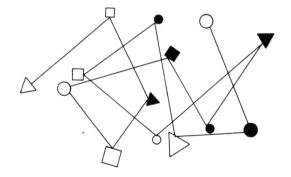

2. Beispiel

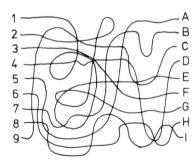

| KIPPBILDER | PÄDAGOGISCH-DIDAKTISCHER KOMMENTAR |

Sogenannte Kippbilder werden gezielt in welchselnden Perspektiven betrachtet.

- schnelleres Umschalten zwischen 2 Unterrichtsstunden

Vielen Schülern fällt der Wechsel von einer Unterrichtsstunde zur anderen schwer. Das liegt hauptsächlich daran, daß sich ein Schüler von der ersten Unterrichtsstunde emotional lösen muß um sich dann emotional wieder an die folgende Stunde zu binden. Hinzu kommt aber auch ein sachliches "Lösen" und "Binden". Dieses emotionale und sachliche Binden und Lösen läßt sich durch sogenannte Kippbilder sehr gut trainieren. Ein solches Kippbild läßt sich nur dann gesteuert von der einen Perspektive in die andere umsetzen, wenn der Schüler dem Kippbild gegenüber gezielt eine bestimmte Erwartungshaltung aufbaut. Diese Erwartungshaltung ist mit Emotionen und mit Sachlichkeit angefüllt.

Da er von der einen Perspektive zur anderen seine emotionale und sachliche Bindung jeweils um 180° ändern muß, bedingt das, daß er sich löst und erneut bindet. Diese Fähigkeit überträgt sich mit der Zeit auf das Lösen und Binden von und an Unterrichtsstunden.

Lernbiologisch geht diese Übung noch einen Schritt weiter als die vorherige: Es geht darum, das Zusammenspiel der visuellen Wahrnehmungsfelder bewußt zu steuern, sie sozusagen unter ein bestimmtes "Hauptthema" zu bringen.

Diese Übung läßt sich nach und nach auf kompliziertere Beispiele - und nicht nur auf visuelle - ausdehnen.

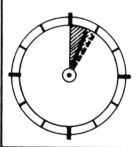

VORBEREITUNG

- Material: Tafel oder Papier.
- Schüler : einzeln; ab Klasse 3.
- Ort   : Klassenraum.
- Dauer   : 5 Minuten.

ÜBUNGSBEISPIELE:

Bitte schauen Sie sich einmal Beispiel 1 eine Zeit lang an. Plötzlich werden Sie merken, daß diese Figur beginnt, in der Perspektive zu kippen. Im Moment wird dieses Kippen noch willkürlich, z. B. durch Blinzeln oder Öffnen und Schließen der Augen oder Draufschauen, Wegschauen provoziert.

Sie sollen nun versuchen, dieses Kippen ganz gezielt in den Griff zu bekommen, nämlich dadurch, daß Sie sich zum Beispiel das eine Quadrat des Würfels als vordere Fläche vorstellen und anschließend das zweite Quadrat als vordere Fläche oder daß Sie sich einmal die eine Kantenlinie als vordere und dann die andere Kantenlinie als vordere Linie vorstellen oder indem Sie dasselbe Wechselspiel mit zwei Ecken dieses Würfels betreiben.
In allen drei Fällen bedingt das aber, daß Sie wissen, in welchen zwei Perspektiven dieser Würfel überhaupt stehen kann. Wenn Sie auf diese Art und Weise den Würfel in den Griff bekommen haben, versuchen Sie, ihn eine Zeit lang so oft wie möglich hin und her kippen zu lassen. Vereinbaren Sie mit einem Mitspieler, daß Ihnen plötzlich das Wort S t o p zugerufen wird.
An dieser Stelle müssen Sie nun versuchen, den Würfel in der gerade erreichten Perspektive zu halten. Kippt er weiter, so haben Sie ihn noch nicht in den Griff bekommen.

Sie können dieses Kippen mit sehr vielen Figuren machen. Zwei Figuren sind in unserem Buch angegeben. Achten Sie aber darauf, daß das Kippen weder durch Blinzeln noch durch Öffnen und Schließen der Augen provoziert wird.

Spannend wird dieses Spiel für die Schüler, wenn Sie zum Beispiel 1 Minute vorgeben und dann der Schüler gewinnt, bei dem die Figur am häufigsten hin und her kippt.

1. Beispiel

2. Beispiel

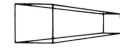

GROSCHENSPIEL	PÄDAGOGISCH-DIDAKTISCHER KOMMENTAR
Eine variierende Zahl von kleinen Gegenständen muß in Sekundenschnelle in der richtigen Anzahl erkannt werden. - verbesserte Reaktion - schnelleres Lesen	Die Übung ist als Vorübung zum "dynamischeren Lesen" geeignet, welches als Mischung aus "linearem" Lesen und "Mustererkennung" betrachtet werden kann. Schnellesen erhöht den Lernerfolg, wenn das Erfassen eines abgeschlossenen Gedankens, einer logischen Einheit eines Textes dadurch noch innerhalb der Zeitspanne des Momentangedächtnisses geschieht. Das Verständnis und die Speicherung im Kurzzeitgedächtnis ist bei einem über das Momentangedächtnis hinausgehenden Gedankengang wahrscheinlich schwieriger (weil noch keinen Sinn gebende Teile abgerufen werden müssen) als wenn dieser gewissermaßen "als Ganzes" übernommen werden kann. Natürlich spielt hier auch die individuelle Dauer des Momentangedächtnisses mit hinein (zwischen 5 und 25 Sekunden).
	**VORBEREITUNG** - Material: Geldstücke oder Streichhölzer, je 4 pro Schüler. - Schüler : je 2; bis Klasse 5. - Ort : Klassenraum oder Schulhof. - Dauer : 5 Minuten.

ÜBUNGSBEISPIELE:

Sie nehmen 4 Geldstücke in Ihre Hand, schließen diese mit beiden Händen zu und schütteln sie. Anschließend lassen Sie die Geldstücke auf einen Tisch fallen, und fast unmittelbar danach decken Sie die vier Geldstücke mit beiden Händen zu und fragen den zuschauenden Schüler, wieviel Geldstücke er gesehen hat. Je nach Alter des Schülers wird er bis maximal sechs Geldstücke gleichzeitig erkennen können.

Lassen Sie ein solches Spiel in zwei Gruppen spielen, so daß der Schüler A dem Schüler B immer die Geldstücke auf den Tisch wirft und anschließend zudeckt.

Außer mit Geldstücken läßt sich dieses Spiel u. a. mit Streichhölzern, Knöpfen, Kreidestücken spielen.

Bei jedem Wurf sollten nicht weniger als drei Geldstücke, aber auch nicht mehr als sechs Geldstücke in der Hand sein, damit es weder zu leicht, noch das Erfolgserlebnis durch die zu hohe Anzahl der Geldstücke geschmälert wird.

Beispiele:	
Geldstücke	Streichhölzer
Knöpfe	Kreidestücke
usw.	
Anzahl: 3 - 6	

STREICHHOLZMUSTER	PÄDAGOGISCH-DIDAKTISCHER KOMMENTAR
Hier werden so schnell wie möglich komplizierte Streichholzmuster gelegt. - bessere Konzentration - Reaktionsvermögen steigt - erkennen und unterscheiden von Formen	Die Fähigkeit, unsere Aufmerksamkeit für längere Zeit auf eine Aufgabe zu konzentrieren, wird durch Bindung an haptische und motorische Tätigkeiten verstärkt. Die Übung zeigt so einen Weg, um überhaupt einmal an ein Erfolgserlebnis heranzukommen, das durch längere Aufmerksamkeit erzielt wurde. Solange Schüler dies noch nicht erfahren haben, fehlt ihnen eine wesentliche Motivation zu Konzentration und Ausdauer. **VORBEREITUNG** - Material: 1 Schachtel mit Streichhölzern pro Schüler. - Schüler : einzeln oder je 2, bis Klasse 7. - Ort : Klassenraum. - Dauer : 1o Minuten.

ÜBUNGSBEISPIEL:

Bitte geben Sie jedem Schüler eine Streichholzschachtel, angefüllt mit Streichhölzern, in die Hand.
Dann zeichnen Sie an der Tafel ein bestimmtes Streichholzmuster vor (siehe unsere Beispiele).
Geben Sie nun den Schülern 1 Minute Zeit und bitten Sie sie, in dieser Zeit so viele Streichhölzer wie möglich in diesem Muster zu legen.
Gewonnen hat, wer die längste Streichholzkette aufgebaut hat.

Wenn zwei Schüler zusammenspielen, so gibt der eine dem anderen das jeweilige Streichholzmuster vor und stoppt ebenfalls die Zeit.

1. Beispiel

2. Beispiel

3. Beispiel

WORTPAARSPIEL

Wortpaare werden über Bilder im Gedächtnis verankert.

besseres
- Gedächtnis
- Vorstellungsvermögen
- anschauliches Denken

PÄDAGOGISCH-DIDAKTISCHER KOMMENTAR

Durch die Wortpaarübung wird der Schüler angeleitet, Informationen anschaulich zu verarbeiten. Sein Gehirn lernt, sich aus einer Gruppe von Einzeldingen ein realitätsbezogenes Gesamtbild aufzubauen: ein "Skelett", in welches nun weitere Details sehr leicht eingeordnet werden können. Das Gesamtbild, weil realitätsbezogen, wirkt außerdem vertraut und damit entspannend, fördert so die Assoziationsbildung und wiederum Erfolgserlebnisse, die insgesamt eine lernfreundliche Hormonlage begünstigen.

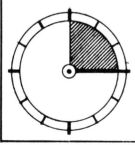

VORBEREITUNG
- Material:
- Schüler : einzeln oder beliebige Gruppen.
- Ort   : beliebig; für jede Klasse.
- Dauer   : 15 Minuten.

ÜBUNGSBEISPIELE:

Bitte schauen Sie sich einmal im ersten Beispiel die Wortpaare Auto - Laterne, Haus - Gras usw. an. Der Schüler soll zunächst versuchen, sich eine solche Liste durch einfaches Einprägen zu merken. Er wird damit die üblichen Schwierigkeiten haben und nur 5 - 10 Worte behalten. Der Schüler soll nun versuchen, diese Begriffe nach einer bestimmten Technik zu behalten. Bitten Sie ihn, sich folgende Bilder vorzustellen: Ein Auto fährt gegen eine Laterne. Ein Haus steht mitten im hohen Gras. Auf einem Klavier liegt eine Zeitung. usw.
Anschließend nennen Sie dem Schüler die Begriffe Auto, Haus, Klavier, usw., und er soll auf Grund dessen, daß er sich ein Bild vorgestellt hat, immer wissen, daß zu Auto - Laterne, zu Haus - Gras etc. gehört.
Dasselbe geht auch umgekehrt. Machen Sie dieses Spiel auch mit dem zweiten Beispiel!

Spaß macht es den Schülern, wenn Sie in zwei Gruppen arbeiten und der eine Schüler dem anderen fünf solcher Wortpaare vorschreibt.

Eine Variante dieses Spiels : Sie greifen sich verschiedene Gegenstände aus dem Raum heraus und ordnen diesen Begriffe zu. Zum Beispiel zeigen Sie auf die Lampe an der Decke und sagen: "Dazu hätte ich gerne den Begriff 'Stein' ". Nun müssen sich die Schüler vorstellen, wie sie die Lampe mit einem Stein einwerfen. Anschließend teilen Sie die Schüler in zwei Gruppen auf und rufen jeweils einen Gegenstand im Raum auf. So schnell wie möglich müssen sich die Schüler aufgrund Ihres Bildes an den zugeordneten Begriff erinnern und diesen laut rufen. Kommt die richtige Antwort zuerst von der linken Gruppe, so erhält diese einen Punkt, kommt die richtige Antwort zuerst von der rechten Gruppe, so erhält diese Gruppe einen Punkt.

---

1. Beispiel:

Auto - Laterne
Haus - Gras
Klavier - Zeitung
Baum - Buch
Karton - Bleistift

2. Beispiel:

Stuhl - Sand
Tafel - Blume
Fenster - Wasser
Lehrer - Lampe
Pult - Zigarette

TERMINABLÄUFE UND WEGBESCHREIBUNG	PÄDAGOGISCH-DIDAKTISCHER KOMMENTAR

Terminabläufe und Wegbeschreibungen werden über Bilderketten verknüpft.

besseres
- Gedächtnis
- Vorstellungsvermögen

Die bildhafte Realitätsbezogenheit erzielt wie in der vorherigen Übung einen unmittelbaren und emotional verstärkten Lerneffekt. Durch die Vorstellung von Geräuschen, Gerüchen und Bewegungen erfolgt eine innere Resonanz zusätzlicher Gehirnbereiche und damit ein "inneres Erlebnis". Eine unmittelbare Verankerung an das vorhandene Grundmuster findet statt.

Der Schüler sollte angeleitet werden, in der gleichen Art mit schulischen Texten zu verfahren.

Lassen Sie diese Ketten zu Übungszwecken auch rückwärts wiedergeben!

VORBEREITUNG
- Material: Tafel.
- Schüler : einzeln oder beliebige Gruppen.
- Ort   : Klassenraum; ab Klasse 3.
- Dauer   : 15 Minuten.

ÜBUNGSBEISPIELE:

Bitte lesen Sie den Schülern einen von Ihnen vorbereiteten
Terminablauf - ähnlich wie im ersten Beispiel - vor.
Die Schüler sollen sich diesen Terminablauf (zum Beispiel
das Fahrrad zur Werkstatt bringen, anschließend Nachhilfe
geben, dann auf dem Rückweg ein Buch kaufen, usw.) bildlich
vorstellen und zwar so, als würden Sie die einzelnen Termine
bereits wahrnehmen. Im Anschluß an diesen Terminablauf sind
die Schüler aufgrund ihrer bildlichen Vorstellung in der Lage,
diesen Terminablauf sowohl vorwärts als auch rückwärts in der
richtigen Reihenfolge wiederzugeben.

In unserem zweiten Beispiel haben wir die markanten Punkte
einer Reiseroute. Auch hier lesen Sie entweder die Punkte
langsam vor oder lassen sie von den Schülern lesen
und dabei bildlich verknüpfen. Zum Beispiel sollen sich die
Schüler vorstellen, wie sie über eine große Brücke zum Kaufhaus gelangen und vor dem Kaufhaus auf dem Platz eine alte
Eiche sehen. Die Schüler stellen sich weiter vor, wie sie
auf die alte Eiche klettern, von dort aus die Kirche sehen.
An der Kirche ist ein schöner Springbrunnen und neben dem
Springbrunnen ein Kiosk usw. Auch durch diese Bilder sind
die Schüler in der Lage, diese markanten Punkte der Reiseroute sowohl vorwärts als auch rückwärts in der richtigen
Reihenfolge wiederzugeben.

---

1. Beispiel:

Fahrrad zur Werkstatt -
Nachhilfe geben -
auf Rückweg ein Buch kaufen -
neue Jeans anprobieren -
schwimmen gehen -
usw.

2. Beispiel:

Brücke - Kaufhaus -
Platz - alte Eiche -
Kirche - Springbrunnen -
Kiosk -
usw.

ZAHLENSYMBOLE	PÄDAGOGISCH-DIDAKTISCHER KOMMENTAR
Zahlen werden mit Hilfe von Bildern behalten. - anschauliches Denken	Obgleich eher als Kunststück eines "Gedächtniskünstlers" geeignet, als zur praktischen Anwendung (mit Ausnahme zum Merken von Einkaufslisten u.ä.), dient doch diese Assoziationsübung zur grundsätzlichen Schulung der beim Lernen oft brachliegenden bildhaften Vorstellung und Assoziationsfähigkeit überhaupt. Die Aktivierung von Querverbindungen, die Überwindung einer durch logische Schlüsse anerzogenen Assoziationsscheu und die Lernstimulation durch den dabei empfundenen Spaß aktivieren weitere Gehirnbereiche für die Langzeitspeicherung.
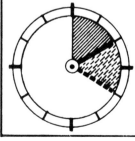	**VORBEREITUNG** - Material: Tafel - Schüler : einzeln; ab Klasse 2. - Ort : Klassenraum. - Dauer : 20 Minuten.

ÜBUNGSBEISPIELE:

Bitte schauen Sie sich in unserem Beispiel die symbolische Darstellung von Zahlen an. Die 1 wird dargestellt durch einen Bleistift, weil die Form so ähnlich ist, die 2 durch einen Schwan, die 3 durch ein dreiblättriges Kleeblatt (Anzahl der Blätter), die 4 durch einen Stuhl (4 Beine), die 5 durch eine Hand (5 Finger), die 6 durch einen Elefanten, dessen Rüssel nach unten hin eingerollt ist wie eine 6, die 7 durch eine Fahne, die die ähnliche Form hat, die 8 durch eine Eieruhr (ähnliche Form), die 9 durch eine Trillerpfeife (ähnliche Form), die 1o durch einen Billardstock und eine Kugel (ähnliche Form), die 11 durch zwei Skier, die in einem Schneehaufen stecken (ähnliche Form), die 12 durch ein Gespenst (Geisterstunde 12 Uhr).

Bitte gehen Sie diese symbolische Darstellung von Zahlen mit den Schülern intensiv durch und machen Sie anschließend folgenden Test: Ordnen Sie jeder Zahl einen willkürlichen Begriff zu. Beispielsweise sagen Sie: "Ich habe ein Buch." Jetzt müssen sich die Schüler vorstellen, wie sie mit dem Bleistift in ein Buch schreiben. Dann sagen Sie: "Ich habe zwei Eier." Nun müssen sich die Schüler vorstellen, wie ein Schwan vor zwei Eiern steht und diese anschaut. Dann sagen Sie: "Ich habe drei Brüder." Nun müssen sich die Schüler vorstellen, wie jeder Ihrer Brüder ein Kleeblatt in der Hand trägt. Dann sagen Sie: "Um vier Uhr muß ich zum Zahnarzt." Nun müssen sich die Schüler vorstellen, wie Sie beim Zahnarzt auf einem alten Stuhl sitzen usw.
Auf Grund dieser bildlichen Darstellung sind nun alle Schüler in der Lage, von 1 bis 12 ihre Zuordnung zu den einzelnen Zahlen lückenlos wiederzugeben. So nach und nach werden die Schüler dann in der Lage sein, auch Zahlen in der Größenordnung von 1 bis 12, die im Unterricht vorkommen, über Bilder konkreten Inhalt zu geben.

| NAMENSPIEL/ FREMDWÖRTERSPIEL | PÄDAGOGISCH-DIDAKTISCHER KOMMENTAR |

Namen und Fremdwörter werden in anschauliche Bilder übertragen, um das Behalten zu erleichtern.

- anschauliches Denken

Bei neuen Begriffen sollte übrigens immer zuerst durch die konkrete Umschreibung ein empfangsbereites "Bett" für den noch fremden (und dadurch erst einmal abgewehrten) Begriff im Gehirn aufgebaut werden (nach der Regel: Skelett vor Detail), in das dann das noch fremde Fachwort "saugend" und nicht mehr gegen inneren Widerstand aufgenommen wird. Einen völlig neuen Begriff hinstellen (gegen den man sich abblockt, weil man ihn nirgendwo einordnen kann) und ihn dann zu definieren, ist der falsche Weg, weil man dann auch gegen die Definition abgeblockt bleibt. Dabei erkennen Schüler, daß Namen und Fremdwörter in Fächern wie Biologie, Erdkunde und Geschichte und auch Vokabeln in Fremdsprachen nicht etwas Abstraktes sind, sondern daß sie angebunden werden können an das Skelett und damit sehr konkret werden.

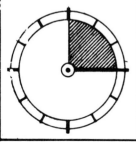

VORBEREITUNG
- Material: Tafel.
- Schüler : einzeln; ab Klasse 4.
- Ort   : Klassenraum.
- Dauer   : 15 Minuten.

ÜBUNGSBEISPIELE:

Schreiben Sie wie im Beispiel 1 beliebige Personennamen an die Tafel. Zu diesen Personennamen lassen Sie möglichst ähnlich klingende konkrete Begriffe finden, z. B. zu den Namen Korke den Begriff Korken, zu dem Namen Beuer den Begriff Bauer usw. Dadurch bekommen die Schüler eine anschauliche Vorstellung von diesen Namen, wodurch das Behalten leichter fällt.

Das gleiche Spiel können Sie zum Beispiel auch mit Namen aus der Geschichte bzw. mit Namen von Ländern, Bergen, Flüssen und Seen machen.

In unserem zweiten Beispiel stehen Fremdwörter mit ihrer Übersetzung.
Auch hier sollen die Schüler versuchen, zu den Fremdwörtern möglichst ähnlich klingende konkrete Begriffe zu finden, zum Beispiel zu Garant den Begriff Garantie, zu firm den Begriff Firma, zu Markör den Begriff markieren. In einigen der hier stehenden Beispiele hat der gefundene ähnlich klingende Begriff tatsächlich etwas mit dem Fremdwort zu tun und erleichtert dadurch sein Behalten, in manchen anderen Fällen ist der gewählte Begriff einfach nur ausgedacht und hat nichts mit dem Fremdwort selber zu tun. Das hindert aber nicht daran, daß der Schüler anschaulicher als zuvor mit Fremdwörtern umgeht, wodurch sein Gedächtnis mehr behalten kann.

Das gleiche Spiel ist auch bei Vokabeln möglich!

1. Beispiel

Herr Korke	-	Korken
Herr Beuer	-	Bauer
Frau Erkes	-	Erker
Herr Alfer	-	Alfa
Frau Kleier	-	Kleie

1. Beispiel

Garant	-	Bürge (Garantie)
firm	-	fest, sicher (Firma)
Markör	-	Schiedsrichter (markieren)
Pallasch	-	schwerer Säbel (Palast)
Protist	-	Einzeller (Protest)

ERDKUNDEBILDER	PÄDAGOGISCH-DIDAKTISCHER KOMMENTAR
Geometrische Formen von Erdteilen werden in anschauliche Figuren übertragen. - Erkennen von Formen - anschauliches Denken	Dem Schüler soll das Behalten von normalerweise abstrakten Umrissen einzelner Kontinente, Inseln und Halbinseln durch anschauliche Formgebung leicht gemacht werden. Darüber hinaus beschäftigt er sich dann intensiver mit Geographie als er es normalerweise tun würde. Auch hier wird wieder im Sinne der Vielfach-Verankerung die assoziative Speicherung unter Einschaltung weiterer Gehirn-, Denk-, Vorstellungs- und selbst Gefühlsbereiche (weich, zackig, geborgen, abstoßend) geübt. Die Chance zur Vielfach-Erinnerung, z. B. auf ungewohnte Abfrage hin, wird größer. |//
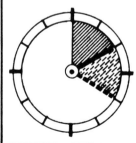	VORBEREITUNG - Material: Tafel und Atlas pro Schüler. - Schüler : einzeln; ab Klasse 2. - Ort : Klassenraum. - Dauer : 2o Minuten.

ÜBUNGSBEISPIELE:

Bitte greifen Sie sich einige Kontinente, Inseln oder Halbinseln aus dem Atlas heraus und zeichnen Sie die groben Umrisse an die Tafel. Dann versuchen Sie mit den Schülern, hierzu konkrete Formen zu finden. Erklären Sie das ganze Verfahren an dem Beispiel Italien, indem Sie fragen, warum man sich eigentlich die Umrisse von Italien so leicht merken kann. Jeder Schüler wird sagen, weil Italien die Form eines Stiefels hat. Von dort aus klären Sie die Schüler darüber auf, daß man sich auch bei anderen Kontinenten, Inseln und Halbinseln die Form leichter merken könnte, wenn sie einen an etwas Konkretes erinnern würden. Ein Beispiel dazu in unserem Buch ist England!

Beispiel: ITALIEN

Beispiel: ENGLAND

KREATIVES DENKEN	PÄDAGOGISCH-DIDAKTISCHER KOMMENTAR
In Flächen werden phantasievolle Bilder gezeichnet. - Erkennen des Phantasiepotentials - Trainieren der Kreativität	Im Kreativitätstraining unterscheidet man laterales (phantasievolles, vernetztes) und lineares (mehr logisches, geradliniges) Denken. In dieser Übung läßt sich die bevorzugte Denkweise eines Schülers sehr schnell analysieren und damit entsprechend korrigieren. Man sollte ruhig darüber diskutieren, wie man es z. B. macht, zum vernetzten (lateralen) Denken überzugehen und wie sich so ein "Sprung" auf diese andere Denkebene "anfühlt". Hier hilft schon ein häufiger Übergang vom begrifflich-verbalen zum bildhaften Denken und zurück. Natürlich sollte immer beides - auch das Verbleiben auf einem logisch-direkten Weg geübt werden. Entscheidend ist es, den Unterschied zu kennen und jeweils zu wissen, welche Denkart man wann ansetzt.
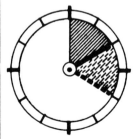	**VORBEREITUNG** - Material: 1 kopiertes Blatt pro Schüler. - Schüler : einzeln; für jede Klasse. - Ort : Klassenraum. - Dauer : 2o Minuten.

ÜBUNGSBEISPIELE:

Bitte händigen Sie jedem Schüler ein Blatt Papier aus, auf dem 4o gleich große Kreise zu sehen sind. Nun bitten Sie die Schüler, in jeden dieser Kreise ein konkretes Bild zu malen, zum Beispiel aus dem einen Kreis ein Gesicht, aus dem anderen Kreis zum Beispiel den Blick durch ein Bullauge auf ein Schiff, aus dem dritten Kreis einen Fußball usw. Bedingung ist dabei, daß der Kreis nicht verlassen wird, zum Beispiel dürfen bei dem Gesicht die Ohren nicht außen sitzen.
An diesem Spiel läßt sich sehr gut feststellen, wie groß die Phantasie eines Schülers ist. Sind die meisten Kreise ausgezeichnet erklären Sie dem Schüler, wie phantasievoll oder wie wenig phantasievoll er gezeichnet hat. Wenig phantasievoll heißt, wenn er sich nur Verkehrsschilder hat einfallen lassen und sonst nur wenig andere Figuren.
In unserem zweiten Beispiel lassen Sie das ganze Spiel einmal mit Quadraten ablaufen und in unserem dritten Beispiel mit Rechtecken. Der Schwierigkeitsgrad steigert sich vom ersten bis dritten Beispiel.

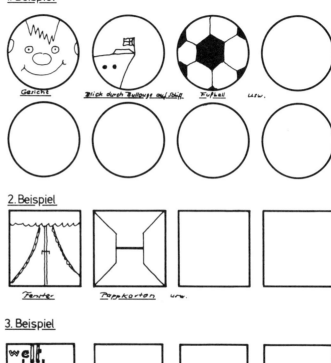

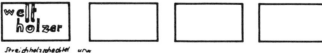

BILDER ENTWICKELN	PÄDAGOGISCH-DIDAKTISCHER KOMMENTAR
Aus Strichen und Punkten werden anschauliche Bilder gezeichnet. - verbessern der Phantasie und Kreativität	Die hier geübte Mustererkennung aus wenigen Anhaltspunkten ist die Basis dafür, daß ankommende Wahrnehmungen spontan mit im Gehirn gespeicherten gestaltlichen Archetypen in Resonanz treten. Bruchstückhafte Bilder werden so verstärkt und bis zu einem Wiedererkennungserlebnis vervollständigt. Solche intuitiven Vorgänge sind nicht weniger wichtig (und verläßlich) als logische Schlußfolgerungen, die hier kaum helfen können. Die Übung ist eine Variante der Verbindung einzelner Worte zu Bildgefügen, wie in der Übung: Wortpaarspiel. Beide stärken den Übergang vom Kurzzeit- zum Langzeit-Gedächtnis.
	**VORBEREITUNG** - Material: Tafel oder kopiertes Blatt pro Schüler. - Schüler : einzeln; ab Klasse 2. - Ort : Klassenraum. - Dauer : 15 Minuten.

ÜBUNGSBEISPIELE:

Der Lehrer zeichnet an die Tafel oder auf vervielfältigten Blättern einige wenige Striche und Punkte. In unserem Beispiel ein Strich, ein Punkt und eine kleine Schlangenlinie. Daraus soll der Schüler nun ein konkretes Bild zeichnen, so daß man nicht mehr sieht, mit welchen Anfangsstrichen diese Zeichnung begonnen hat.
In unserem Beispiel ist daraus ein Skiläufer geworden.
Unter unserem Beispiel finden Sie drei Vorschläge, wie Anfangszeichnungen aussehen könnten, die weiter entwickelt werden sollen. Der Schwierigkeitsgrad steigert sich dadurch, daß die Anzahl der Punkte, Linien und Striche in der Anfangszeichnung einfach erhöht wird.

Die meisten Schüler werden zu dem gleichen Bild verschiedene Ideen haben, diese Ideen sollte man am Ende des Spiels untereinander austauschen!

BEISPIEL:

Weitere Vorschläge:

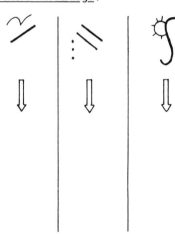

MALOMA-TOKETE-SPIEL	PÄDAGOGISCH-DIDAKTISCHER KOMMENTAR
Geometrischen Figuren werden klangliche Begriffe zugeordnet. - anschauliches Denken - sensibel machen für Formgebung - verbessern des Sprachgefühls	Diese Übung schult die Entwicklung des Sprachgefühls in der eigenen und in fremden Sprachen. Dazu gehört auch ein Gefühl für die Aussprache von Vokabeln und Fremdwörtern. Gleichzeitig wird der Einsatz und das Mitschwingen von Gefühlsassoziationen geübt, wodurch die Verankerung im Gedächtnis erleichtert und verstärkt wird. Jede Information wird bekanntlich nicht nur "nackt", sondern mit all ihren zufälligen Begleitinformationen gespeichert - und auch abgerufen. Diesen natürlichen Mechanismus kann man sich u. a. durch diese Übung bewußt zunutze machen. Ähnlich wirkt das simple Wiederholen einer Vokabel. Wiederholte Begriffe wirken vertrauter und damit sympathischer.
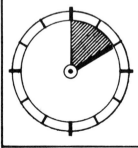	VORBEREITUNG - Material: Tafel. - Schüler : einzeln oder je 2; ab Klasse 3. - Ort : Klassenraum. - Dauer : 1o Minuten.

ÜBUNGSBEISPIELE:

Bitte zeichnen Sie einmal die beiden folgenden Zeichnungen an die Tafel. Anschließend schreiben Sie die beiden Begriffe Tokete und Maloma daneben und bitten die Schüler, die beiden Begriffe nach ihrem Gefühl für Klangformen und geometrische Formen den beiden Zeichnungen zuzuordnen. Jeder Schüler wird der runden Form den Begriff Maloma und der eckigen Form den Begriff Tokete zuordnen.
Sprechen Sie darüber, warum das so ist, daß sich hier Klangform und geometrische Form ähneln.
Anschließend schreiben Sie beliebig ausgedachte Begriffe (diese Begriffe dürfen nur einen Klang und keinen sachlichen Inhalt haben) an die Tafel. Beispiel Nr. 1 gibt Ihnen einige Vorschläge. Lassen Sie die Schüler zu diesen Begriffen Formen zeichnen.
Im Beispiel 2 ist es ganz umgekehrt. Sie zeichnen beliebige Formen an die Tafel und lassen hierzu Begriffe, die keinen sachlichen Inhalt haben, finden.

Ordnen Sie zu

1. Tokete
2. Maloma

1. Beispiel: Zeichnungen zu den Begriffen fertigen:

   Maloma
   Olampot
   Sibeltro
   Andelkom
   Katekot

2. Beispiel: Begriffe zu den Beispielen suchen:

GESCHICHTEN ERFINDEN

Zu vorgegebenen Begriffen müssen Schüler Geschichten erfinden.

- verbessern der Phantasie
- vermeiden von Verzetteln

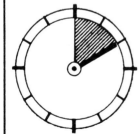

PÄDAGOGISCH-DIDAKTISCHER KOMMENTAR

Viele Schüler sind sprachlich so gehemmt, daß sie gar nicht erst aufzeigen, um etwas zu sagen. Hier versucht dieses Spiel auf lustige und spielerische Weise abzuhelfen.

Wenn ein Schüler es geschafft hat, mehrere Male vor der Klasse die geforderte Geschichte mit Erfolg zu erzählen, dann hat er einen Teil seiner Hemmungen verloren. Er überwindet vor allem die Assoziationsscheu und merkt, daß es sich lohnt, sich z. B. bei Vokabeln etwas zu denken (siehe Wortpaarübung). Für unser Gehirn ist es leichter, sich viele Dinge im Zusammenhang zu merken, als wenige getrennt. Unterrichtsstoff sollte daher ruhig inhaltlich ausgesponnen, erweitert, mit Beispielen angereichert werden (Die Auffassung, daß man dann ja noch viel mehr lernen müsse, ist falsch und bildet eine unnötige Barriere gegen assoziatives Lernen). Die Vorgabe von Begriffen zur freien Verwendung befreit bei dieser Übung den Schüler vor der Angst vor Fehlern, die über den Streßmechanismus die so notwendige freie Assoziation blockieren kann. Gerade das Suchen und "über-Fehler-finden" ist aber ein Teil des wirkungsvollen Lernens.

 Kommt ein Schüler zu sehr ins Stocken, dann sollte ihn der Lehrer unterstützen!

VORBEREITUNG
- Material: -
- Schüler : einzeln oder beliebige Gruppen; für jede Klasse.
- Ort   : beliebig.
- Dauer   : 1o Minuten.

ÜBUNGSBEISPIELE:

Lassen Sie von der Klasse drei Begriffe auswählen, zum Beispiel die Begriffe Auto, lachen, grün (siehe Beispiel). Dann lassen Sie die Schüler unter den Themen Märchen, Krimi, Liebesroman, Abenteuergeschichte, Sciencefiction oder Bericht ein Thema auswählen. Angenommen, die Schüler einigen sich auf Krimi. Dann gibt der Lehrer eine Zeit von 3 Minuten vor. (Er kann auch 4 oder 5 Minuten wählen, der Schwierigkeitsgrad steigt aber mit der Länge der Zeit.) Innerhalb dieser 3 Minuten muß nun ein ausgewählter Schüler, ohne vorher nachdenken zu können, einen Krimi erzählen, in dem die Begriffe Auto, lachen, grün in der niedergeschriebenen Reihenfolge vorkommen.
Zur Unterstützung des Schülers gibt der Lehrer nach dem 1. Drittel der Zeit ein Zeichen, um dem Schüler zu bedeuten: Strebe langsam auf den Höhepunkt der Geschichte zu, nach 2. Dritteln der Zeit gibt er wieder ein Zeichen, um zu bedeuten, daß sich der Schüler langsam auf das Ende konzentrieren soll.

Die Geschichte, die der Schüler erzählt, kann er vor der Klasse erzählen oder aber auch von seinem Platz aus. Er kann die drei gewünschten Begriffe ablesen und muß sie nicht im Kopf haben.

Beispiel:

3 Begriffe: Auto
               lachen
               grün

gewünscht wird: Krimi

Zeit: 3 Minuten

Auswahl der Geschichten:
Märchen
Krimi
Liebesroman
Abenteuergeschichte
Sciencefiction
Bericht

Zeitwahl: 3, 4 oder 5 Minuten

WORT-BILD-SPRACHE	PÄDAGOGISCH-DIDAKTISCHER KOMMENTAR
Die geometrische Zuordnung von Buchstaben ergeben mit Phantasie Worte und Sätze. - mehr Phantasie - weniger abstraktes Denken	In dieser Übung soll der Schüler sehen, daß Buchstaben nicht einfach nur abstrakte sprachliche Gebilde sind, sondern daß er damit auf spielerische Weise noch andere sinnvolle Übungen machen kann. Verbal-akustische Assoziationen entkrampfen und erweitern die oft an der "amtlichen" Bedeutung eines Begriffs klebende Vorstellung. Abgesehen von der zusätzlichen Lernhilfe durch solche Eselsbrücken übt man dabei, die Dinge von mehreren Aspekten aus (d. h. unter Aktivierung zusätzlicher Wahrnehmungsfelder des Gehirns) zu sehen: eine weitere Hilfe für die Verarbeitung und Verankerung von Lerninhalten im Langzeitgedächtnis.

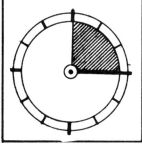

VORBEREITUNG

- Material: Tafel.
- Schüler : einzeln; an Klasse 5.
- Ort : Klassenraum.
- Dauer : 15 Minuten.

ÜBUNGSBEISPIELE:

Erklären Sie den Schülern - wie in unserem Beispiel - die bildliche bzw. symbolische Darstellung des Begriffes Rind. Sagen Sie ihm, daß man ein R in einem D deshalb als den Begriff Rind deuten kann, weil man hintereinander sagen kann: R in d.
Ähnliches gilt auch für schwierige Kombinationen, wie sie in unserem Beispiel zu sehen sind.
Geben Sie dem Schüler die Aufgabe, 5 solcher eigenen Ideen zu entwickeln.
Hierzu müssen Sie ihm aber mindestens 1o Minuten Zeit lassen, denn die Entwicklung solcher Ideen ist nicht sehr einfach.
Wenn Sie so etwas mit der Klasse öfter üben, werden Sie später ganze Sätze formen können!

*) Wo die Not' am höchsten,
is Jott am nächsten.
(Berlin)

Beispiele:

  = R in D = Rind

  = BB verkehrt in schlechten Kreisen

= 2 Be am Te im Kreis am T
   s auf en

= ....(kein Kommentar!!)

GEMEINSAMKEITEN	PÄDAGOGISCH-DIDAKTISCHER KOMMENTAR
Phantasievolle Beziehungen zwischen Zeichen, Buchstaben und Zahlen werden gefunden. - Erkennen von Zusammenhängen	Das Erkennen von Zusammenhängen und Gemeinsamkeiten während des Unterrichts ist für einen Schüler sehr wichtig. Zusätzliche Assoziationsmöglichkeiten für ankommende Informationen werden aktiviert und dadurch das Mitschwingen mehrerer Gehirnpartien geübt. Man merkt bald, daß man so die "drangenommenen" Zahlen oder Buchstaben später ohne Schwierigkeiten aus dem Gedächtnis abrufen kann (Erlebnisspeicherung). Auch andere "trockene" Lerninhalte lassen sich so durch ersonnene (zum Mitschwingen gebrachte) Begleitinformationen anreichern, verbinden und besser behalten.

VORBEREITUNG
- Material: Tafel oder 1 kopiertes Blatt pro Schüler.
- Schüler : einzeln; ab Klasse 3.
- Ort   : Klassenraum
- Dauer   : 1o Minuten.

ÜBUNGSBEISPIELE:

In unserem Beispiel 1 sind in einem Raster die Buchstaben A bis Z sowohl als auch die Ziffern von 0 bis 9 niedergeschrieben. Es werden beliebig immer zwei zweistellige Zahlen aufgerufen, die dann einer Kombination der Zahlen am linken und oberen Rand der Matrix entsprechen, um beispielsweise zwei Buchstaben oder einen Buchstaben und eine Zahl zu bekommen, die an den entsprechenden Schnittpunkten stehen. Nun müssen die Schüler zwischen beispielsweise diesen zwei Buchstaben mindestens eine Gemeinsamkeit finden. Angenommen, es werden zufällig die Buchstaben N und M ausgesucht. Die Gemeinsamkeiten wären, daß beide zwei senkrechte Striche haben, daß beide ähnlich klingen, daß beide ungefähr in der Mitte des Alphabetes stehen usw.

In unserem zweiten Beispiel läßt sich das gleiche Spiel mit beliebigen Symbolen wiederholen.

Spaß macht es den Schülern, wenn sie eigene Raster mit Buchstabensymbolen oder Zeichen entwerfen können oder auch wenn sie Beispiel 1 und 2 in einem Raster kombinieren können.

1. Beispiel

	1	2	3	4	5	6	7	8
1	A	B	C	D	E	F	G	H
2	1	2	3	I	J	K	L	M
3	N	4	5	O	P	Q	R	6
4	S	7	8	9	T	U	V	W
5	X	Y	Z					

2 Zahlen zwischen 11 und 58: z. B. 35 und 44 = P + 9
Gemeinsamkeiten: beide haben eine geschlossene, oben liegende Fläche.

2. Beispiel

	1	2	3	4
1	⊔	ε	○	×
2	↗	m	○	↘
3	π	∨	↑	♀

2 Zahlen: 21 + 33 = ↗ + ↗
Gemeinsamkeiten: beides sind Pfeile und zeigen nach rechts oben.

GEGENSTÄNDE ZERLEGEN	PÄDAGOGISCH-DIDAKTISCHER KOMMENTAR
Gebrauchsgegenstände werden ein Einzelteile zerlegt und die Einzelteile neu verwendet. - erkennen von Zusammenhängen - mehr Phantasie - loslösen von eingefahrenen Schemen	Solche Übungen wirken der "Fachidiotie" wirksam entgegen. So sind viele Dinge und Begriffe oft völlig isoliert und auf eine einzige Funktion fixiert im Gehirn gespeichert, während sie hier wieder in einen lebendigen Kontext mit der Umwelt gebracht werden. Gleichzeitig lernen wir, wie sich unsere Kreativität selbst an leblosen Gegenständen entzünden kann. Das steigert das Selbstvertrauen in unsere geistigen Fähigkeiten, macht uns sicherer - und dadurch lernbereiter.
	**VORBEREITUNG** - Material: - Schüler : einzeln; ab Klasse 3. - Ort : Klassenraum. - Dauer : 15 Minuten.

ÜBUNGSBEISPIELE:

Der Lehrer schlägt als Spielgegenstand einen Stuhl vor, der in seine Bestandteile zerlegt wird: In 4 Beine, in die Sitzflächen, in die Rückenlehne.

Nun sollen sich die Schüler für diese Einzelteile neue Verwendungszwecke aussuchen und diese gleich schon charakterisieren nach den Kriterien: gut verwendbar, bedingt verwendbar, schlecht verwendbar.
Zum Beispiel können die Schüler für die Beine folgendes finden:
a) Gut verwendbar sind die Beine als Brennholz, als Prügel, als Stütze von jungen Bäumen.
b) Bedingt verwendbar sind die Beine als Spazierstock, als Regalstützen, als Hebel, als Lattenzaun.
c) Schlecht verwendbar sind diese Beine als Krücke für alte Menschen, als Brückengeländer usw.

In der gleichen Form werden alle Einzelteile des Stuhls charakterisiert. Außer Stühlen können beliebige Gegenstände auseinandergenommen werden: Tische, Fenster, Scheren, Lampen, Körbe, Vasen, Flaschen, was auch immer die Schüler in ihre Bestandteile zerlegen möchten.

Beispiel:

Stuhl = 4 Beine, Sitzfläche, Rückenlehne,

Verwendungszwecke

Beine:
a) gut verwendbar,
   Brennholz, Prügel, Stütze von jungen Bäumen,
b) bedingt verwendbar,
   Spazierstock, Regal bauen, Hebel, Lattenzaun,
c) schlecht verwendbar,
   Krücke, Brückengeländer,

Sitzfläche:
a) gut verwendbar,
   Tablett, Boden einer Kiste,
b) bedingt verwendbar,
   usw.

SPITZNAMEN	PÄDAGOGISCH-DIDAKTISCHER KOMMENTAR
Mit Phantasie werden klanginhaltliche Spitznamen zu vorgegebenen Charakteren gefunden. - sensibel machen für Wortschöpfungen und Klangbilder weitere Ziele: - Entspannung - Assoziationsbildung (Verknüpfung von Wahrnehmungsfeldern) - Kreativität steigern - Aufmerksamkeit und Motivation steigern - Forschen und Suchen - Selbstprüfung durch Vergleich	Wichtige Lern- und Verarbeitungsprozesse, Nachdenken, Assoziationen bilden und das Momentangedächtnis trainieren werden hier mit Spaß, Komik und Erfolgserlebnissen verbunden. Eine gute Zwischenübung, um wieder die Lust zum Lernen und Denken zu wecken. Denn die hier erlebten lernpositiven Begleiteindrücke werden später automatisch ein wenig mit ähnlichen Tätigkeiten im Unterricht, bei den Hausarbeiten oder in Prüfungen verknüpft und fördern so die Effizienz. Der Einsatz der Matrix macht darüber hinaus auf ähnlich angenehme Weise mit den oft so gehaßten Graphiken, Tabellen und Koordinationssystemen vertraut.
	VORBEREITUNG - Material: Tafel. - Schüler : einzeln; ab Klasse 2. - Ort : Klassenraum. - Dauer : 15 Minuten.

ÜBUNGSBEISPIELE:

Sie bauen an der Tafel bitte ein Raster auf. In waagerechter Linie schreiben Sie Junge, Mädchen, Lehrer und in senkrechter Linie dick, dünn, faul. Nun sollen die Schüler zu jeder herausgegriffenen Kombination, zum Beispiel Junge dick oder Mädchen dünn oder Lehrer faul Spitznamen suchen.
Immer wenn 1o Spitznamen für eine Kombination gefunden worden sind, gehen Sie auf die nächste Kombination über. Ein solches Raster kann vom Lehrer beliebig verändert werden, zum Beispiel in der waagerechten Zeile kann stehen Vater, Mutter, Tochter und in der senkrechten Kolonne kann stehen reich, durstig, gefräßig usw.

Spaß macht es den Schülern, wenn Sie ihnen ein solches Raster selber überlassen und wenn sie dann in Zweiergruppen spielen.

BEISPIEL

	Junge	Mädchen	Lehrer
dick	wampi	schwebbel	usw.
dünn	steckel	usw.	latti
faul	gähni	lahmi	usw.

INTERNATIONALE SCHILDER	PÄDAGOGISCH-DIDAKTISCHER KOMMENTAR
Pictogramme werden von Schülern zu vorgegebenen Themen entwickelt. - anschauliches Denken - mehr Kreativität	Hier lernt der Schüler, sich nicht nur auf abstrakte Informationen zu stützen, sondern bildet selber anschauliche Parallelen. Dabei werden rein verbale Begriffe mit visuellen und funktionellen Aspekten einer "Sache" verknüpft und bereichert. So werden weitere Assoziationen und Querverbindungen zwischen verschiedenen Wahrnehmungsfeldern geschaffen. Die Überlegung, warum wohl manche Symbole beim anderen ankommen, manche jedoch nicht, objektiviert die eigene oft sehr persönliche Interpretation.
	**VORBEREITUNG** - Material: Tafel. - Schüler : einzeln; ab Klasse 4. - Ort : Klassenraum. - Dauer : 15 Minuten.

ÜBUNGSBEISPIELE:

In diesem Spiel sollen die Schüler Hinweisschilder zeichnen, die ohne Worte auskommen.
Zum Beispiel erklären Sie ihnen, daß auf einem Flughafen sehr viele Ausländer anzutreffen sind, die kein Deutsch und auch kein Englisch verstehen und daß man deshalb versucht, Hinweisschilder zu finden, die jedem eindeutig klar sind, und die ohne Worte zu lesen sind.

In unserem Beispiel haben wir drei Vorschläge und zwar für Restaurant, Flughafen und Kino.
Bitte wählen Sie mit der Klasse fünf solcher Hinweisschilder verbal aus, die dann anschließend gezeichnet werden müssen.

In Zweiergruppen läßt sich dieses Spiel auch spielen, indem ein Schüler seinem Mitschüler ein bestimmtes Hinweisschild vorgibt.

Variante:
Außer diesen simplen (und als Symbol oft schon recht bekannten) Einzelbegriffen sollte man auch versuchen, Verhaltensweisen oder Funktionen und Abläufe auf solche Weise darzustellen.

BEISPIELE

 Restaurant[1]

 Flughafen

 Kino

[1] Dieses Piktogramm ist nicht zu verwechseln mit der ostfries. Verdienstmedaille für "unfallfreies Essen mit Löffel und Gabel"!

ZAUBERTRICKS	PÄDAGOGISCH-DIDAKTISCHER KOMMENTAR

Der Lehrer läßt Punkte auf Streichhölzern verschwinden und eine Streichholzschachtel schweben.

- verblüffen der Schüler
- erwecken von Neugier

Abgesehen von der Auflockerung lernt man durch Zaubertricks das, was man mit eigenen Augen gesehen hat, zu relativieren und es mit "Naturgesetzen" zu vergleichen (was nicht sein kann, das nicht sein darf!?).
Neugierde, Forschungsdrang, Überprüfung festgefahrener Vorstellungen werden aktiviert.

1. <u>Der springende Punkt</u>

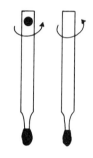

2. <u>Die schwebende Streichholzschachtel</u>

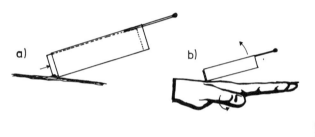

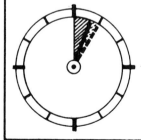

VORBEREITUNG
- Material: 2 flache Streichhölzer; 1 Streichholzschachtel mit 1 Streichholz.
- Schüler : sehen nur zu; für jede Klasse.
- Ort : beliebig.
- Dauer : 5 Minuten.

ÜBUNGSBEISPIELE:

1. Der springende Punkt

   Bitte brechen Sie aus einem Streichholzmäppchen ein flaches Streichholz heraus und zeichnen Sie an der Seite, wo kein Schwefelkopf sitzt einen Punkt mit Kugelschreiber.
   Die Rückseite dieses Streichholzes bleibt frei. Nun hat dieses Streichholz auf der einen Seite einen Punkt und auf der anderen Seite keinen. Dieses Streichholz halten Sie so geschickt in der Hand, daß Sie dem Schüler anscheinend immer beide Seiten zeigen, in Wirklichkeit aber immer die gleiche Seite mit einem Punkt. Das erreichen Sie durch ein geschicktes Drehen. Anschließend sagen Sie: "Jetzt lasse ich diese Punkte verschwinden" indem Sie zum Beispiel mit dem Finger unter dem Streichholz längs wischen und drehen das Streichholz jetzt so geschickt, daß die Seite nur noch zum Vorschein kommt, die keinen Punkt hat und ständig als Vorderseite bleibt.

2. Die schwebende Streichholzschachtel

   Wie in unserem Bild angegeben, klemmen Sie bitte ein Streichholz in eine etwas geöffnete Streichholzschachtel. Dann befestigen Sie diese Streichholzschachtel auf Ihrer geraden ausgestreckten Hand und zwar auf dem Handrücken, indem Sie dort die Haut einklemmen. Wenn Sie nun die Hand sehr waagerecht halten und den Daumen eng an Ihre Hand drücken, beginnt die Schachtel nach oben zu schweben, indem Sie mit dem Daumen die Haut Ihres Handrückens langsam nach unten ziehen. Dabei tun Sie so, als würden Sie mit der linken Hand in der Nähe Ihrer rechten Hand kurbeln und dadurch würde diese Streichholzschachtel hochschweben. Sie können auch behaupten, Sie würden an das herausschauende Streichholz ein Haar befestigt haben, durch das Sie die Streichholzschachtel ständig hochziehen und wieder herunterlassen.

IMPROVISATIONSSPIELE	PÄDAGOGISCH-DIDAKTISCHER KOMMENTAR
Der Schüler soll mit Phantasie Gebrauchsgegenstände durch andere ersetzen. - mehr Kreativität - loslösen von eingefahrenem Denken	Dieses Spiel wird von Jungen sehr gerne gespielt und steigert laterales Denken. Dadurch, daß das gewohnte Hilfsmittel (z. B. Flaschenöffner) fehlt, muß der Schüler in ganz neuen Kategorien denken. Er lernt dadurch, Schwierigkeiten in bestimmten Lebenssituationen besser zu meistern. Ähnlich wie in dem Denkspiel "Gegenstände zerlegen" wird die ausschließliche Bindung an einmal gelernte Lösungen (Fachidiotie) gelockert. Die Übung macht Mut zu eigenen Lösungen und stärkt das Vertrauen in die Möglichkeiten des Denkens. Auf den Unterschied zwischen einer nur theoretisch durchdachten und einer durch die praktische Handhabung gefundenen Lösung (Erkennen durch Tun) sollte hingewiesen werden. Wahrscheinlich ergeben sich in beiden Fällen ganz unterschiedliche Möglichkeiten.
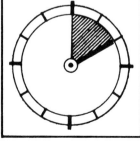	VORBEREITUNG - Material: - Schüler : einzeln oder je 2. - Ort : beliebig; ab Klasse 3. - Dauer : 1o Minuten.

ÜBUNGSBEISPIELE:

Bitte stellen Sie Aufgaben in der folgenden Art:
Eine Flasche mit Saft steht auf dem Tisch und ist mit einem Kronenkorken verschlossen.
Alle Schüler haben Durst und wollen die Flasche öffnen, doch es ist kein Öffner vorhanden.
Jeder soll nun 5 Ideen suchen, diese Flasche zu öffnen.

Das gleiche gilt für ähnliche Ideen, z. B. sollen die Schüler telefonieren, doch es fehlen dazu 0.20 DM. Oder eine Schranktür soll zugemacht werden, weil sie nicht im Schloß haftet.
In unserem Beispiel sind zu diesen 3 vorgeschlagenen Problemen bereits einige Lösungen niedergeschrieben.

Besonderen Spaß macht es den Schülern, wenn diese die Probleme selber auswählen können, um anschließend dazu Lösungen zu finden. Wichtig ist aber, daß Sie nicht weniger als 5 Lösungen pro Problem und pro Schüler finden lassen.

Sie können auch wieder in Zweiergruppen dieses Spiel spielen lassen, so daß ein Schüler seinem Mitschüler Probleme nennt und dazu Lösungen finden läßt. Eine Erweiterung dieses Spiels ist es, wenn Sie im Anschluß die gefundenen Lösungen einmal nach Tauglichkeit einordnen.

Beispiele:

1) Flasche öffnen ohne Öffner (5 Ideen),
2) Telefonieren in der Zelle, aber es fehlen die 0.20 DM (5 Ideen),
3) Schranktür zumachen, bleibt aber nicht im Schloß.

Lösung:

1) Im Türrahmen öffnen,
   2 Flaschen gegeneinander,
   in Sonne stellen bis Kronenkorken durch Druck wegfliegt, usw.
2) Für Gespräch 0,20 DM erbetteln, usw.

LOGISCHES WEITERDENKEN

Logische Zahlen-, Buchstaben- und Zeichenreihen werden vom Schüler weiter entwickelt.

- konsequentes Weiterdenken
- logisches Entwickeln

PÄDAGOGISCH-DIDAKTISCHER KOMMENTAR

Hier wird als Gegenstück zur Kreativität das logische systematische Denken trainiert. Diese Fähigkeit ist besonders für den naturwissenschaftlichen Bereich wichtig.

Im Prinzip handelt es sich um Evolutionsspiele, um das logische Voraussagen einer Entwicklung. Die Logik ist also nicht nur auf den verbalen oder mathematischen Bereich beschränkt, sondern findet sich genauso im visuellen, auditiven (Musik), motorischen (komplizierte Rhythmen) und selbst olfaktorischen Bereich (etwa im Aufspüren, wo ein Geruch herkommt).
Die Erkenntnis, daß Logik ein grundsätzliches und eben nicht nur an Worte gebundenes Prinzip von Gehirnverknüpfungen ist (ähnlich wie Mustererkennung, Analogiebildung, Intuition mit den unterschiedlichsten Wahrnehmungs- und Denkbereichen verknüpft werden können), mag wieder zum Ausprobieren, zu weiteren Beobachtungen und Denkspielen und natürlich zur Aufmerksamkeit beim Lernen motivieren.

VORBEREITUNG

- Material: Tafel oder 1 kopiertes Blatt pro Schüler.
- Schüler : einzeln; ab Klasse 3.
- Ort   : Klassenraum.
- Dauer   : 1o Minuten.

ÜBUNGSBEISPIEL:

Bitte schreiben Sie einmal an die Tafel die Reihe aus unserem Beispiel 3 6 5 8 7 1o 1
und dahinter zwei Fragezeichen.
Erklären Sie den Schülern, daß es sich hier um eine systematisch fortgesetzte Reihe
handelt, bei der sie sich überlegen sollen, wie die nächsten zwei Zahlen lauten müssen.
Anschließend bauen Sie beliebig schwierige Ketten in dieser Art auf und lassen die Schüler
immer die nächsten beiden Zahlen finden.

Wie in unserem Beispiel angegeben, müssen diese logischen Ketten nicht nur aus Zahlen,
sie können genauso gut aus Buchstaben oder aus irgendwelchen Zeichen bestehen.
Der Schwierigkeitsgrad läßt sich hier beliebig steigern.

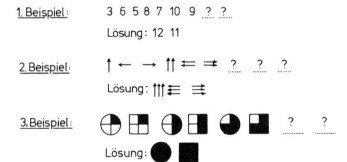

| ÖKONOMISCHES DENKEN | PÄDAGOGISCH-DIDAKTISCHER KOMMENTAR |

Die Schüler müssen wenige Angaben zu einer Situation so kombinieren, daß daraus ein Gesamtbild entsteht.

- weniger Verzetteln
- systematischer denken

Der Schüler lernt, systematischer an Aufgaben und Arbeiten heranzugehen. Es wird ihm klar, daß es in vielen Fällen besser ist, die Vorgehensweise erst einmal zu überdenken als einfach drauf loszulegen. Er verzettelt sich mit der Zeit weniger und arbeitet geplanter und genauer.

Solche Übungen helfen, unser eigenes Denken mit Abstand zu betrachten, sich nicht mit ihm zu identifizieren. Bei Denkschwierigkeiten gerät man nicht über die eigene "Dummheit" in Verzweiflung, sondern wird zum unbeteiligten Beobachter und damit souveräner und gelassener. Denn Entspannung statt Streß hilft uns am ehesten weiter. Auch dies ist Ökonomie des Denkens.

Sie sollten Ihre (VER)ZETTELWIRTSCHAFT öfters mal überprüfen!!!

VORBEREITUNG

- Material: Tafel oder 1 kopiertes Blatt pro Schüler.
- Schüler : einzeln; ab Klasse 4.
- Ort : Klassenraum.
- Dauer : 2o Minuten.

ÜBUNGSBEISPIELE:

Auf dieser Seite finden Sie eine Übung, bei der systematisch und geplant gedacht werden muß.
Hier sollte der Lehrer versuchen, sich noch weitere Übungen auszudenken. Am Anfang ist das etwas schwierig, aber mit etwas Erfahrung wird es ihm immer leichter fallen.
Die Übung selber lautet:
In einer Klasse sitzen vier Schüler, vor dem Schüler 1 steht der Lehrer (s. unsere Zeichnung).
Es wird nun nach dem Namen des zweitbesten Schülers gefragt. Damit der Name herausgefunden werden kann, sind bestimmte Angaben nötig, auf Grund derer ein Schüler sich systematisch und geplant an den Namen des Zweitbesten heranarbeiten kann.
In unserem Beispiel sind 7 Angaben gegeben.
Bitte weisen Sie die Schüler darauf hin, daß es viel besser ist, sich erst einmal eine Zeichnung zu machen von der Klasse und von den Schülern, anstatt einfach "drauf los zu legen".
Das systematisch geplante Arbeiten erlernt der Schüler in diesem Falle erst von Übung zu Übung, indem er spätestens dann, wenn er sich mehrere Male heillos verzettelt hat, Gedanken macht, wie er dieses Verzetteln vermeiden kann.
Spannend ist es, wenn Sie eine bestimmte Zeit vorgeben oder wenn es darum geht, die drei Schnellsten zu ermitteln.

BEISPIEL:

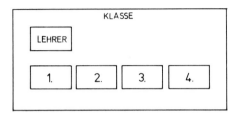

In der Klasse sitzen Schüler 1 - 4 in der 1. Reihe. Es wird nach dem Namen des zweitbesten Schülers gefragt.
Durch folgende Angaben läßt sich systematisch die Lösung finden:

1. Schüler 3 heißt nicht Thomas.
2. Lehrer steht vor dem Besten.
3. Neben Jochen sitzt Zweitbester.
4. Lehrer schaut nach links zu Jochen.
5. Thomas sitzt neben Schüler 1.
6. Schüler 4 ist Drittbester, heißt nicht Hans.
7. Hans sitzt links vom Lehrer.

diskussion: unterricht   Hrsg. von Gerrit Hoberg

(Die Reihe erschien zunächst unter dem Titel "rpi-diskussion")

Band 1

Dieter Braun/Armin Buckenmaier
Walter Kalbreyer

<u>Lernzielorientierter Unterricht</u>

Planung und Kontrolle. 2., durchgesehene Auflage. 143 Seiten, DM 12,40
ISBN 3-494-00871-X

Band 2

Günter Höffken/Hans-Dieter Regn
Rudolf Schneider/Günter Vollmer

<u>Modelle - Modellvorstellungen</u>

Anregungen für die naturwissenschaftliche Unterrichtspraxis. 150 Seiten, DM 11,40

Band 3

Brabeck/Hoster/Pesch

<u>Lehrverhalten: Beobachtung - Analyse - Training</u>

125 Seiten, DM 9,80

Band 4

Ingendahl/Jansen/Jüptner/Pommerin
Waldinger

<u>Handlungsorientierter Deutschunterricht</u>

158 Seiten, DM 13,80

Band 5

Hirschfeld/Schmiedeberg

<u>Sozialauffällige Schüler</u>

Diagnose und Therapie. 156 Seiten, DM 13,80

Quelle & Meyer · Heidelberg

Aus unserem Verlagsprogramm

Martin Hasselhorn (Hrsg.)
Wirkungsvoller lernen und arbeiten
4., überarbeitete und erweiterte Auflage, 197 Seiten, DM 11,80

Rudolf Lassahn
Einführung in die Pädagogik
3., durchgesehene Auflage, 190 Seiten, DM 13,80 (UTB 178)

Rudolf Lassahn
Grundriß einer Allgemeinen Pädagogik
208 Seiten, DM 15,80 (UTB 710)

Schäfer/Schaller
Kritische Erziehungswissenschaft und kommunikative Didaktik
3., durchgesehene Auflage, 238 Seiten, DM 14,80 (UTB 9)

Jürgen Grzesik
Die Steuerung von Lernprozessen im Unterricht
254 Seiten, DM 16,80 (UTB 598)

Maier/Pfistner
Grundlagen der Unterrichtstheorie und Unterrichtspraxis
Beobachtungsformen, Strukturen, Systeme, 2., überarbeitete und erweiterte Auflage, 328 Seiten, DM 19,80 (UTB 599)

Borowski/Hielscher/Schwab
Einführung in die Allgemeine Didaktik
2., durchgesehene Auflage, 167 Seiten, DM 19,80

Borowski/Hielscher/Schwab
Unterricht: Prinzipien und Modelle
Materialien für die Planungsarbeit des Lehrers. 192 Seiten, DM 19,80

Kurt Heller (Hrsg.)
Leistungsbeurteilung in der Schule
3., durchgesehene und verbesserte Auflage. 335 Seiten, 11.-15. Tausend, DM 25,-

Quelle & Meyer · Heidelberg